Arte e Comunicação representam dois conceitos inseparáveis. Deste modo, reúnem-se na mesma colecção obras que abordam a Estética em geral, as diferentes artes em particular, os aspectos sociológicos e políticos da Arte, assim como a Comunicação Social e os meios que ela utiliza.

A CIDADE
E O ARQUITECTO

Título original:
La Cittá e l'Architetto

© Gius. Laterza & Figli Spa, Laterza & Figli Spa, Roma-Bari

Tradução: Rui Eduardo Santana Brito

Capa: FBA

Depósito legal nº 121742/98

Biblioteca Nacional de Portugal – Catalogação na Publicação

BENEVOLO, Leonardo

A cidade e o arquitecto. - Reimp. - (Arte
& comunicação)
ISBN 978-972-44-1332-7

CDU 72
711

ISBN: 978-972-44-1332-7
ISBN da 1ª edição: 972-44-0107-3
Depósito Legal nº 121742/98
Impressão e acabamento:
PENTAEDRO
para
EDIÇÕES 70, LDA.
Abril, 2017 (1984)
1ª edição: Novembro, 2006
Todos os direitos reservados para língua portuguesa
por Edições 70
EDIÇÕES 70, Lda.
Avenida Engenheiro Arantes e Oliveira, 11 – 3º C - 1900-221 Lisboa / Portugal
Telefs.: 213190240 – Fax: 213190249
e-mail: geral@edicoes70.pt

---

www.edicoes70.pt

Esta obra está protegida pela lei. Não pode ser reproduzida
no todo ou em parte, qualquer que seja o modo utilizado,
incluindo fotocópia e xerocópia, sem prévia autorização do Editor.
Qualquer transgressão à lei dos Direitos de Autor
será passível de procedimento judicial.

LEONARDO BENEVOLO
A CIDADE E O ARQUITECTO

70

INTRODUÇÃO

Os ensaios reunidos neste volume referem-se às ideias gerais encontradas na minha actividade de arquitecto e de historiador da arquitectura: a «cidade», a «cidade antiga», a «cidade moderna», a «conservação» da cidade antiga. De vez em quando é preciso tentar definir estas noções, é preciso colocá-las entre as outras do mundo moderno, na maneira provisória própria de um texto breve.

Postos em conjunto e por ordem de assunto, os ensaios constituem um mapa dos problemas que se deparam a todos os estudiosos de arquitectura, quer trabalhem a uma mesa ou a um estirador. Este mapa tem a forma de um triângulo: num vértice está o arquitecto, esforçando-se por não renunciar a um estudo e a um projecto unitário do ambiente físico onde se desenvolve a vida de todos os outros; daí partem muitas linhas de ligação a uma quantidade de problemas distribuídos pelo horizonte da cultura e da vida de hoje. É fácil objectar que essas ligações são demasiadas: mas os defeitos do ambiente em que vivemos não dizem respeito aos problemas um por um, mas sim à sua sobreposição no cenário físico. É preciso tentar um tipo qualquer de coordenação e o único método adequado, embora arriscado e incerto, é o de fundi-los num raciocínio único. De facto, não se encontrou ainda uma formalização homogénea para todos, que permita transformar a comparação mental num cálculo, e os instrumentos da tecnologia moderna são insuficientes para esse fim.

Por agora é ainda insubstituível uma abordagem antiquada — «universal» e não especializada —, herança preciosa dos mestres da arquitectura moderna, que trabalharam desde o primeiro pós-guerra até hoje. Ninguém pode ter a certeza de que este método funcionará perante os problemas cada vez maiores, e em mutação cada vez mais rápida, do presente e do futuro. Mas não temos outro método e os críticos que declaram ter acabado o ciclo da arquitectura moderna propuseram-nos, até agora, apenas o regresso às fronteiras tradicionais da «arte de construir», deixando ao cuidado de outros especialistas as preocupações com o desenvolvimento da cidade e do território.

Assim, enquanto os arquitectos enfileiram com os artistas para tentarem alcançar a mesma posição privilegiada no grande mercado dos meios de comunicação, o campo da programação física é invadido pelas sociedades de consultores que escondem os problemas sob um multiplicar de análises numéricas não pertinentes.

Estes escritos pertencem a uma tradição diferente, que tem sessenta anos de história e que não aceita a habitual distinção de papéis. São exercícios de crítica e de proposta com bases técnicas, que não satisfazem, nem os estudiosos, nem os que trabalham nos sectores tradicionais, mas que procuram indicar uma nova distribuição de tarefas mais adequada às necessidades das pessoas que moram nas cidades e que, precisamente, estão descontentes com as análises técnicas e artísticas feitas separadamente.

A distribuição dos ensaios procura delinear o triângulo anteriormente descrito. A primeira parte — a cidade *— apresenta uma série de problemas que formam a base do triângulo. A segunda parte — o* arquitecto *— define o ponto de vista com que se consideram e confrontam os vários problemas. A primeira parte inclui:*

1) Uma análise teórica da noção de «cidade» como cenário físico da vida humana, contraposta à «cidade» como corpo social; a primeira é objecto dos arquitectos e dos historiadores de arquitectura, a segunda dos políticos e dos historiadores em geral. O texto é, de facto, um relatório apresentado a um Congresso de historiadores para confrontar os dois métodos de pesquisa.

2) Uma exposição do desenvolvimento da cidade moderna — que retoma uma parte do relatório precedente — sob a forma de vinte teses propostas aos estudantes de um curso de arquitectura.

3) Uma reflexão específica sobre o problema da beleza na cidade moderna, pedida por uma universidade japonesa como base para uma comparação entre duas cidades diferentíssimas — Roma e Tóquio.

4) Um resumo dos motivos que deram origem, nos anos sessenta, às experiências italianas e europeias de conservação das cidades antigas.

Na segunda parte reaparecem os mesmos problemas como componentes das obrigações do arquitecto; os ensaios referem-se a:

5) Duas tentativas de definição da arquitectura confrontada com outras noções mais estabelecidas: a técnica e a arte.

6) Dois juízos sobre o ponto da situação da arquitectura contemporânea, escritos para duas universidades americanas.

7) Uma análise das relações entre o ensino da História e o dos projectos de arquitectura, apresentada às Faculdades de Arquitectura italianas e escrita há muito tempo, quando se pensava poder reformar os estudos universitários.

8) Uma nova exposição dos problemas de conservação apresentada aos trabalhadores — tanto os que projectam como os que executam — necessários para a pôr em prática.

As versões originais continham muitas repetições que foram em grande parte eliminadas nesta recolha. No entanto, o leitor encontrará ainda algumas sobreposições devidas à homogeneidade da matéria essencialmente tratada nos vários ensaios.

As notas incluídas na versão original do ensaio número um foram eliminadas por razões de uniformidade. As referências bibliográficas podem encontrar-se nas actas do II Congresso nacional de ciências históricas (ed. Marzorati, 1973).

O editor italiano colaborou activamente no trabalho de adaptação. Estou-lhe grato pela sua disponibilidade, que é, aliás, já tradição daquela casa editora.

Primeira parte

A CIDADE

A CIDADE NA HISTÓRIA

A palavra cidade é adoptada em dois sentidos para indicar uma organização da sociedade concentrada e integrada, que começa há cinco mil anos no Próximo Oriente e que desde então se identifica com a sociedade civil; ou então para indicar o cenário físico desta sociedade. A distinção é importante pelo motivo prático que o cenário físico de uma sociedade é mais duradouro do que a própria sociedade e pode ainda encontrar-se — reduzido a ruínas ou em pleno funcionamento — quando a sociedade que o produziu já há muito desapareceu. A forma física corresponde à organização social e contém um grande número de informações sobre as características da sociedade, muitas das quais só deste modo se podem conhecer, sendo as únicas passíveis de serem experimentadas — movendo-nos no cenário da cidade ou, melhor ainda, habitando-a — em vez de serem reconstruídas num estirador.

Daí o interesse e o fascínio pelo estudo do passado através do panorama geral da construção que faz ainda parte do nosso presente; Louis Jouvet fez, para o teatro, num ensaio intitulado *À l'instar de Cuvier*, o seguinte raciocínio: «Sonho às vezes poder um dia, à maneira de Cuvier, estudar a arte do teatro partindo da sua arquitectura, fazer nascer de uma pedra, como se de uma vértebra se tratasse, o grande corpo vivo de um mistério passado» (1933).

Este estudo — que pressupõe uma correspondência perfeita entre acontecimento e ambiente — foi tentado muitas vezes para as cidades da Baixa Idade Média, onde a forma física do organismo urbano reflecte de modo imediato a forma política da cidade-estado; quase todos os manuais de História medieval têm um capítulo sobre as cidades, em que se examinam as características físicas em estreita relação com as características económicas, sociais, administrativas (basta recordar *The Birth of Europe*, de Lopez, livro 3, capítulo I); alguns historiadores publicaram minuciosas pesquisas topográficas sobre o desenvolvimento das cidades (Ganshof para as cidades entre o Loire e o Reno, Lacarra para as cidades da Catalunha).

A «cidade medieval» é um tema clássico que se repete na discussão histórica a partir da época de Pirenne e é também um dos problemas mais vivos na sociologia, na geografia, na urbanística; com efeito, é o episódio mais próximo de nós que melhor nos pode fazer entender o pleno significado da invenção urbana, essa arte misteriosa, esquematizada e dispersa a partir do Renascimento, redescoberta pela cultura moderna como aspiração, mas ainda quase impraticável como experiência técnica efectiva.

Os arquitectos procuram no labirinto das ruas e das praças medievais o segredo do espaço cívico, tal como os sociólogos procuram no labirinto das instituições o segredo da convivência comunitária: algo de mais importante que os projectos de construção e que os programas sectoriais que somos capazes de fazer hoje.

Procurámos noutro estudo explicar a diferença entre projecto de construção e projecto urbano: «Uma coisa é criar um prédio no Canal Grande, outra coisa é criar o Canal Grande e uma cidade como Veneza, percorrida pelo grande S do Canal, com o centro comercial amontoado no Rialto, o centro político em S. Marcos, a grande oficina do Arsenal racionalmente situada a caminho do Lido, as outras indústrias descentralizadas em Murano, em Burano, em Chioggia. Se reflectirmos que a forma e a dimensão do organismo citadino já estavam completamente definidos no século XI, enquanto que os séculos que se seguiram remodelaram e renovaram, a nível da construção, todas as zonas da cidade, de tal modo que não se avançou materialmente quase nada em relação à situação do século XI, podemos medir o valor determinante da invenção original, que persiste para além de todas as variações arquitectónicas (fig. 1). E se Veneza é um caso limite, de tal modo que a intenção urbanística parece separável e anterior a qualquer disposição arquitectónica documentada, em muitas outras cidades euro-

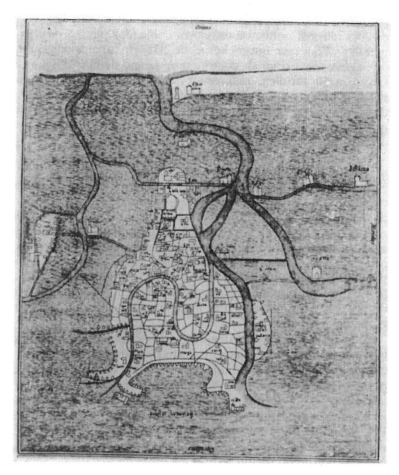

Fig.1: Veneza, mapa de 1348, reproduzido numa gravura de 1780.

peias é possível fazer-se, nos períodos de maior fervor criativo, uma ideia da distribuição geral que avança a par e passo de cada um dos estilos arquitectónicos, mas que os ultrapassa, resumindo o seu significado: assim, em Florença, no último decénio do século XVIII, enquanto se define a nova constituição política, a obra mais importante de Arnolfo não é a catedral, nem o Palazzo Vecchio, nem o traçado da terceira muralha mas, talvez, a ideia do novo organismo urbano onde o crescimento periférico é equilibrado pela ampliação do núcleo director, com os dois centros, político e religioso, colocados junto à primeira muralha. Pode ser que o nome de Arnolfo seja apenas uma referência convencional, como é o de Giano della Bella para a Organização Jurídica, mas existe, sem dúvida, uma imagem programática da nova cidade, expressão visível da nova realidade política e económica, mesmo que não se trate de um plano no sentido moderno da palavra. Podemos medir a força desta imagem se pensarmos que consolidou durante cinco séculos a forma da cidade e perdurou na memória dos homens mesmo quando as condições sociais se alteraram radicalmente. Não exageramos se dissermos que a maior parte das cidades em que vivemos foram inventadas — na sua parte essencial — na época medieval. Mesmo nos casos em que os desenvolvimentos posteriores foram enormes, alguns dos factos estabelecidos naquela época continuaram a orientar o crescimento recente com uma persistência singular; basta pensar na dupla polaridade da Londres medieval, entre a *city* e Westminster, ou na divisão de Paris em três partes distintas, a *ville* na margem direita do Sena, a *cité* na ilha, a *université* na margem esquerda».

A invenção urbana antecipa, em certos casos, as evoluções do corpo social: o monumentos do Prato dei Miracoli, em Pisa — catedral, baptistério e cemitério — foram construídos nesta posição periférica porque tinham provavelmente que ficar no centro de um novo organismo citadino ampliado na direcção norte; mas essa ampliação nunca foi feita, porque o poder de Pisa acaba já no século XIII, depois da Maloria. As últimas muralhas urbanas de Florença, de Siena, de Colónia, de Gand, traçadas no fim do século XIII ou na primeira metade do século XIV, não foram saturadas pelo desenvolvimento da construção civil, que pára depois da grande peste, e só no século XIX serão ocupadas de um modo completamente diferente. Nestes casos, a forma é testemunha, não de um passado, mas de um futuro afastado pelos acontecimentos seguintes.

(Note-se que os instrumentos capazes de produzir resultados duradouros não são os esquemáticos e despóticos dos reis absolutos e dos ditadores, mas os flexíveis, complexos e equilibrados das comunidades mercantis: as magistraturas florentinas, cujas funções duravam poucos meses, construíram um organismo estável através dos séculos, porque desenvolveram com continuidade um programa unitário; mesmo no século XVII, as realizações urbanas mais importantes e mais conseguidas são as das repúblicas holandesas, não as de Luis XIV ou de Pedro o Grande).

Mas o postulado da correspondência incondicional entre cidade e sociedade só funciona bem nas épocas felizes, em que existe uma medida comum entre as duas realidades e um sistema de instituições que estabiliza uma e outra. Temos de voltar à comparação de Cuvier e reparar que ela não é exacta porque, afinal de contas, o esqueleto do dinossauro é uma parte física do dinossauro inteiro, ao passo que o cenário urbano é um apetrecho do corpo social, a ele ligado por relações funcionais menos directas e mais complicadas. Convém portanto aprofundar a distinção entre os dois significados da palavra «cidade» e discutir as interpretações até agora apresentadas deste dualismo, que é mais subtil e enganador do que parece à primeira vista.

As interpretações são duas: a primeira contenta-se com uma definição empírica da cidade — o conjunto dos artefactos introduzidos pelo Homem numa porção do ambiente natural, desde aqueles, à escala humana, que formam os prolongamentos directos do corpo (os utensílios de todo o tipo) até àqueles, numa escala mais ampla, que modificam as relações entre o Homem e o espaço que o rodeia — e não se preocupa com a heterogeneidade das experiências desencadeadas, mesmo pelo mais simples desses artefactos, e que dizem respeito à sua criação, fabrico e utilização. A segunda quer dar uma definição cultural da cidade, isto é, parte de uma organização das experiências em sectores pré-estabelecidos e reconhece na cidade a projecção externa de cada um dos sectores, que revela apenas as suas variações internas.

No primeiro caso, o estudo da cidade faz um corte em todos os sectores em que se divide a estrutura cultural e social; no segundo caso, o estudo da cidade deve ser feito num sector bem definido —o que produziu um determinado tipo de aspectos da cidade realizada — e repetido, se for necessário, num outro sector que tenha produzido outro tipo de aspectos.

A noção discriminante é precisamente a classificação dos sectores (e dos aspectos da cidade) que, na segunda interpretação, é uma condição preliminar da imagem histórica e na primeira é um dado conferido caso por caso; na segunda é estabelecido *a priori*, na primeira é registado *a posteriori*.

Pode dizer-se que a tradição e o aparelho institucional pressupõem a segunda interpretação, isto é, prevêem uma classificação fixa, legítima, dos sectores de pesquisa (artística, científica, técnica, económica, etc.); a recente evolução da pesquisa histórica põe, pelo contrário, em dúvida a fixidez desta classificação e orienta-se decididamente — no que se refere à cidade ou a qualquer outro objecto de pesquisa — para a primeira interpretação.

De facto, a pesquisa histórica, feita em profundidade, reconhece que a pretensa classificação legítima é apenas a ilegítima cristalização teórica da classificação vigente na sociedade contemporânea, ligada aos interesses privilegiados nessa sociedade; a tentativa de atribuir-lhe um valor absoluto não serve para interpretar o passado, mas para estabilizar as instituições e os interesses a elas ligados, no presente e no futuro.

Esta pesquisa tornou-se inevitável para estudar outras épocas históricas, como a primeira fase do Renascimento, onde se dá precisamente uma mudança entre duas classificações das actividades humanas, que não compromete a realização de grandes estruturas estáveis — e portanto também das cidades — mas que enfraquece as estruturas passadas e prepara as condições para construir de futuro novas estruturas diferentes. Neste momento de transição podemos encontrar os factores de mobilidade da vida humana: a invenção, o risco, a liberdade intelectual e moral, que não são definíveis em nenhuma das duas classificações porque provocam, precisamente, a passagem de uma à outra.

Numa outra ocasião afirmámos:

«O interesse dos estudiosos da História pelo Renascimento cresceu de repente a partir da altura em que o Renascimento passou a ser considerado, já não como a inauguração de um ciclo cultural «moderno» e definitivo — em que se elaboram as distinções legítimas entre os sectores da cultura: arte, literatura, ciência, técnica, etc., considerados como permanentes e aplicáveis a todas as épocas — mas como um momento em que se passa de uma classificação histórica destas actividades para uma outra classificação igualmente histórica e precária, como é hoje evidente para nós, que vivemos num outro momento de transição de uma classificação para outra. No primeiro caso, bastava aplicar, sector por sector, as definições institucionais absolutas, isto é, estudar a arte, a literatura e a ciência, mas cada uma delas individualmente. No segundo caso, é preciso um raciocínio global que explique a transição do sistema institucional precedente para o sistema novo, que não se pode fazer segundo distinções ao acaso, mas que põe em crise os supostos sectores permanentes da vida cultural, os quais se transformam em objectos da pesquisa histórica e não em condições preliminares.

Esta mudança de perspectiva transformou completamente o quadro dos estudos históricos sobre o Renascimento; basta pensar, em Itália, nos contributos de Cantimori e de Garin. O Renascimento, diz Garin, «não aconteceu, nem sob um único signo, nem em esquemas rígidos ou continuamente lineares, dentro de sectores nitidamente separados. Foi, pelo contrário, precisamente uma ruptura de equilíbrio e de esquemas. Daí a insuficiência de uma historiografia que tem tendência a atribuir um carácter hipostático às várias disciplinas, baseando-as em pseudo-categorias: ali as letras, aqui a filosofia e as ciências; ali a arte e a moral, aqui a religião e a política». A chave técnica desta pesquisa é a análise filológica dos textos e das obras, tanto mais precisa e intransigente, quanto mais incertas passam a ser as «arrumações» e os «enquadramentos» tradicionais. Só nos conseguiremos desembarçar dos lugares comuns, dos juízos aproximativos e preconcebidos, se voltarmos a olhar os factos nas suas articulações reais e minuciosas. Tal como, no próprio Renascimento, a «gramática» é a solução que elimina as construções doutrinais da Idade Média e restabelece um contacto genuíno com o património da civilização antiga em que a nova época se reflecte para reconhecer a sua originalidade, assim também hoje a extensão e o aprofundamento dos controlos filológicos são o instrumento indispensável para reencontrar a verdadeira complexidade do processo histórico, escondida pelos esquemas sumários que derivam precisamente da crescente rigidez das distinções sectoriais.»

Convém recordar as etapas desta pesquisa: as obras de síntese mais antigas — a de Burckhardt, de 1860, a de Pater, 1873, o primeiro volume da *Cambridge modern history*, de 1902 — confrontam vários sectores, não se pondo em dúvida a continuidade de cada um deles separadamente; o *Autumno del Medioevo* de Huizinga, em 1919, discute com insistência as fronteiras entre alguns sectores contíguos (especialmente no antepenúltimo capítulo, «imagem e palavra» e no penúltimo, «palavra e imagem»); a tese de Baron sobre a crise da primeira fase do Renascimento apresentada no livro de 1955, baseia-se numa densa combinação de análises de factos literários e político-sociais, que exigiu uma verdadeira contaminação filológica. O autor não deixou de comentá-la:

«Talvez que esta necessidade de combinar métodos de diversos sectores científicos tenha um significado mais vasto. A relutância que os historiadores políticos têm em seguir as lições aprendidas com os estudos literários e, por outro lado, o escasso interesse dos especialistas literários pela influência das evoluções socioeconómicas, impede-nos ainda de precisar, em relação a muitos pontos da história do Renascimento, a mútua dependência entre política e cultura com a mesma nitidez que a pesquisa tradicional já há muito tempo alcançou em relação a situações semelhantes nas antigas cidades-estado.»

Becker em 1968, Holmes em 1969 e Brücker, também em 1969, tentaram uma pesquisa filológica centrada em diversos sectores da civilização renascentista e numa única cidade, Florença; essas comparações constituem o pressuposto essencial das obras de síntese de Hay, em 1961, de Garin, em 1964 (o capítulo da *Propylaeen Weltgeschichte*) e de Lopez, em 1970. A história da arte é o sector que resiste tenazmente a esta tendência. A tentativa de Antal em 1948, embora com defeitos, foi posta de lado com uma pressa extraordinária; as obras dos historiadores de arte que se interessam pelas ligações com os outros sectores: os *Architectural Principles in the Age of Humanism* de Wittkower (1949), a *Art et l'humanisme à Florence au temps de Laurent le Magnifique* (1959) e os mais recentes *Renaissance méridionale* e *Le grande atelier d'Italie* (1965), de Chastel, foram excepções que deram que falar; um livro escrito no já longínquo 1914, *The architecture of humanism*, de Geoffrey Scott, traduzido em 1939 por Elena Croce (e que é um medíocre *pamphlet* que defende a independência da arquitectura em relação a tudo o resto) era ainda considerado como uma autoridade na Itália do pós-guerra. Mesmo a discussão de personagens-chave da transformação renascentista, como Brunelleschi e Albertique obrigam a um confronto interdisciplinar porque a sua produção pertence a dois ou mais dos sectores sucessivamente codificados (a arte e a mecânica para Brunelleschi, a arte e a literatura para Alberti) — se desenvolve em compartimentos estanques: vejam-se as respectivas entradas na *Enciclopedia dell'arte*. Praeger é o único que conhece a fundo as experiências mecânicas de Brunelleschi porque é funcionário do gabinete americano de patentes. O resultado desta distanciação é o escasso valor dos estudos dos historiadores de arte sobre as cidades: na colecção de Braziller sobre a história da cidade sobressai, pela sua inconsistência, o volume de Argan sobre as cidades do Renascimento (e também, em menor escala, o livro de Saalman sobre as cidades medievais); de facto, os outros volumes — sobre as cidades pré-colombianas, sobre as cidades antigas do Próximo Oriente, etc. — utilizam a experiência da arqueologia, que está, precisamente, equipada para extrair dos seus achados informações sobre a vida social; pelo contrário, os dois volumes sobre as cidades mais próximas no tempo e que ainda funcionam, põem em evidência o isolamento e a inutilidade de uma abordagem formal que se pressupõe autónoma.

Exceptuam-se alguns trabalhos aprovados por Francastel na École des Hautes Études, que é precisamente um admirável instrumento de permutas interdisciplinares: o ensaio sobre Lisboa, de José Augusto França (1965), as actas do Congresso de Urbanística de Paris e da Europa, organizado na Sorbonne em 1966; em Itália, o ensaio sobre Nápoles, de Cesare de' Seta, que frequentou a École parisiense e trabalhou em contacto com Galasso.

De facto, enquanto que os historiadores de arte se preocupam em assegurar a noção da autonomia da arte na esfera teórica (Brandi) ou numa perspectiva histórica que abarca todo o ciclo da cultura ocidental (Argan no longo ensaio no primeiro número da revista *Storia dell'arte*), os historiadores estão a pôr a nu a origem da solução institucional, em que vigora precisamente a autonomia do trabalho artístico em relação ao restante trabalho humano: ela surge entre o fim do século XIV e o início do século XV — quando os aspectos qualitativos da *ars* medieval são desanexados dos aspectos quantitativos e colocados ao mesmo nível intelectual da literatura — e é utilizada a partir dessa altura:

— Na sociedade renascentista, para libertar o trabalho criativo individual da tutela do aparelho corporativo e para possibilitar uma relação directa com a nova classe dirigente; desencadeia assim uma nova abordagem ao universo visível, de onde derivam, quer a arte, quer a ciência modernas;

— Depois da crise da sociedade renascentista, para distinguir o trabalho artístico da pesquisa científica que se organiza de modo autónomo;

— Na sociedade oitocentista, para excluir ambas as categorias de especialistas — os artistas e os técnicos — da gestão da cidade industrial, que, a partir de meados do século XIX, se baseia numa combinação directa entre burocracia e propriedade.

São precisamente os acontecimentos a partir do Renascimento que não permitem manter o postulado da correspondência entre cidade e sociedade; nasce, de facto, neste período, uma nova definição de cidade que deriva precisamente da afirmação da autonomia da arte: a cidade é o conjunto das qualidades formais do ambiente, logo, a obra completa, auto-suficiente, que um artista como Filarete é capaz de criar e projectar sozinho. Esta noção aplica-se, a princípio, ao organismo incompleto da cidade medieval e fixa-o de forma definitiva, aquela que hoje recordamos e amamos (basta pensar na imagem concêntrica de Florença, definida literariamente na *Laudatio* de Leonardo Bruni e concretizada, na geração seguinte, por Brunelleschi, que executa o seu centro geométrico, o pavilhão octogonal da cúpula); depois, não acompanha o ritmo das sucessivas transformações e desloca-se para a esfera teórica: transforma-se na Utopia, a cidade ideal; depois ainda, os elementos separados deste irrealizável modelo cultural são utilizados para imprimir uma ordem parcial ao cenário do poder absoluto (Versalhes, e não Paris, porque a regularidade pode ser aplicada às árvores e aos canais, não às casas onde vivem as pessoas); por fim, as suas aparências, estabilizadas e consumadas por um longo hábito — a uniformidade, a hierarquia, o decoro — são codificadas para tornar respeitável o novo cenário, imenso e precário, da cidade burguesa.

No fim desta parábola as formas parecem as mesmas, mas a substância da cidade está completamente mudada e a própria relação entre cidade e sociedade tem de ser novamente examinada.

A cidade burguesa que se desenvolve depois da revolução industrial é, sem dúvida, diferente de todos os modelos precedentes, sobretudo pelas suas características mensuráveis: as quantidades em jogo (número de habitantes, número de casas, quilómetros de estradas, número e variedade dos serviços e dos equipamentos) e a velocidade das transformações; a soma das diversidades quantitativas produz uma diversidade qualitativa, isto é, torna impraticável os antigos instrumentos de controlo baseados, precisamente, numa limitação conhecida das quantidades e das velocidades, e faz surgir novas oportunidades e novos riscos, que só podem ser dominados com novos instrumentos de planificação e de gestão: volta, portanto, a propor integralmente, pela primeira vez desde a Idade Média, o problema da planificação urbana; a pesquisa científica, que desencadeou esta evolução, tem de elaborar os instrumentos para a controlar.

O reconhecimento destas diversidades — que caracterizam a «cidade industrial» — possibilitou uma nova interpretação de todo o ciclo histórico precedente, onde foram identificados, paralelamente aos aspectos variáveis de período para período, alguns aspectos constantes que caracterizam precisamente a *cidade pré-industrial:* é o conceito desenvolvido no livro de

Sjoberg, de 1960, *The pre-industrial city,* que considera simultaneamente as cidades europeias antigas, antes da industrialização, e as cidades do Terceiro Mundo ainda não transformadas pela industrialização.

Os aspectos comuns não têm talvez uma importância absoluta, mas são, sem dúvida, importantes para nós agora, porque são os menos directamente influenciados pela revolução industrial; o motivo deste estudo é, portanto, a urgência de compreender a natureza da transformação que se deu aqui, na Europa, no passado próximo, que se está a dar presentemente, ou que irá dar-se no futuro imediato, em outros lugares; remete-nos, portanto, de novo para o problema fundamental: o que é a cidade industrial e de que maneira a devemos tratar?

Existem as respostas dos especialistas que estudam a cidade actual e propõem os possíveis remédios para os seus muitos inconvenientes: essas respostas simplificam a definição do objecto a modificar mas complicam, proporcionalmente, as propostas de execução. Existe depois a resposta histórica, que complica, sem dúvida, a descrição da cidade industrial (a qual tem uma história de quase duzentos anos e passou por diversas fases), mas que permite isolar as componentes heterogéneas que sobrevivem em conjunto na situação actual, e facilita, para cada uma delas, um tratamento claro e apropriado.

De facto — tomando como modelo o caso europeu, mas distinguindo os seus momentos típicos que reaparecem, numa ordem diferente, em todas as outras situações — nota-se imediatamente a sobreposição de dois processos: a) o desenvolvimento material e tecnológico da cidade, substancialmente contínuo devido ao entrelaçar das necessidades crescentes e dos equipamentos criados para as satisfazer; b) o desenvolvimento das formas políticas de gestão da cidade que é, pelo contrário, descontínuo e apresenta mudanças decisivas correspondentes a alguns factos importantes do desenvolvimento político em geral.

Considerando as formas de gestão como critério discriminante, parece possível distinguir os seguintes modelos sucessivos:

1. A *cidade liberal,* que regista transformações materiais produzidas pelo desenvolvimento económico — o crescimento da população, a redistribuição da população entre o campo e as cidades, a mistura das indústrias com os bairros habitacionais, o início de novos equipamentos (instalações sanitárias, caminhos de ferro, etc.) — sem, no entanto, pôr a hipótese de uma

intervenção pública adequada ao controlo desses factos; criticam-se, de facto, por princípio, os regulamentos tradicionais e confia-se na possibilidade de um novo equilíbrio espontâneo, obtido pela livre combinação das iniciativas parciais. Na Europa, esta situação dura até à primeira metade do século XIX e dá origem à cidade desintegrada analisada por Engels em 1844 (Manchester), por Blanqui em 1848 (Lille) e descrita por Dickens no romance *Hard Times* de 1854 (Coketown).

2. A *cidade pós-liberal,* que começa quando os novos regimes conservadores saídos das lutas de 48 — o bonapartismo em França, o imperialismo de Bismarck na Alemanha, os novos *tories* de Disraeli em Inglaterra — põem em prática um controlo público do desenvolvimento urbano complementar e associado à liberdade das iniciativas privadas. Os dois poderes antagonistas — burocracia e propriedade — encontram um acordo que define os limites dos seus campos de acção e que supera imediatamente a anterior discussão teórica entre uma hipótese completamente liberal (Spencer) e uma hipótese completamente planificada (Owen, Fourier).

A interpretação política desta viragem é bem conhecida: burocracia e propriedade representam dois grupos de interesses da classe burguesa dominante (os interesses de todo o capital e os interesses do capital imobiliário); o combate entre esses dois interesses foi uma luta mútua e sem tréguas até ao momento em que surgiu um adversário comum; essa ameaça torna aconselhável um acordo, isto é, uma limitação recíproca que assegure os interesses fundamentais da burocracia (resolver tecnicamente o estrangulamento do desenvolvimento em curso) e da propriedade (deter os aumentos de valor produzidos pelo desenvolvimento).

Este acordo permite que subsista uma série de contradições, das quais as mais importantes se referem à oferta de habitação, que não corresponde à procura (de facto, exige-se a presença dos operários como força de trabalho mas não como utentes da cidade, que é feita só em função da instalação da burguesia) e ao financiamento das intervenções públicas, que não podem ser comparáveis à mais-valia produzida e se transformam em aplicações de fundo perdido, dependentes do crédito e das suas flutuações. Estas contradições são inevitáveis porque dependem do acordo de base, mas têm de ser parcialmente corrigidas de vez em quando.

3. A *cidade pós-liberal corrigida,* isto é, o mesmo modelo a que se aplica — a partir de 1890, na conjuntura económica e política favorável — um sistema racional de correcções que se referem sobretudo à oferta de alojamentos populares construídos ou facilitados pelas administrações e ao autofinanciamento dos trabalhos públicos através do mesmo mecanismo das iniciativas privadas (a aquisição e revenda dos terrenos do Estado).

4. A *cidade moderna,* isto é, a alternativa completa à cidade pós-liberal elaborada pela pesquisa arquitectónica moderna, a partir do primeiro pós-guerra.

A pesquisa parte dos elementos mais simples — os alojamentos individuais — e acaba gradualmente por definir os conjuntos: o bairro, a cidade, o ordenamento territorial. As realizações concretas, tendo de inserir-se na cidade pós-liberal, corrigida ou não, são mais fáceis no que se refere aos bairros (e sempre no âmbito dos programas públicos), quase impossíveis no que se refere às cidades e aos ordenamentos territoriais.

A resistência mais ou menos forte do sistema vigente selecciona assim os resultados da pesquisa: aceita os que são compatíveis com a conciliação dos interesses fundamentais, recusa os que são incompatíveis. Nasce assim o último tipo de cidade, a que podemos chamar:

5. A *cidade pós-liberal recorrigida,* modernizada naquilo que é possível, mas ligada à permanência da combinação política entre os dois grupos de interesses, gerais e particulares. O que permanece é a combinação estrutural, não os grupos ou classes que entram no acordo; de facto, esta gestão urbana permaneceu praticamente intacta nos países da Europa de leste, cinquenta anos depois da revolução de Outubro. O conteúdo político desta gestão parece ser o uso da cidade como instrumento de controlo e de coacção, a favor dos grupos dominantes.

Consideremos, nesta sequência, o modo como varia a relação entre cidade e sociedade.

A desordem da cidade liberal é o reflexo imediato, embora apenas negativo, de uma hipótese política válida em geral e tem, de facto uma correspondência em muitos outros campos: na legislação sobre o trabalho, na escola, etc.; por isso Engels e Blanqui apresentam a paisagem urbana como parte integrante da condição da classe operária por meados do século XIX. A pouca ordem vigente deriva, pelo contrário, do elemento anacrónico, isto é, da permanência dos métodos tradicionais de controlo já quase completamente abandonados nos outros campos e, no nosso, só enfraquecidos e desacreditados.

A gestão urbana pós-liberal é uma das manifestações típicas do novo conservadorismo europeu a partir de 48 e faz parte de um programa político mais vasto. Basta pensar no paralelismo entre o *Crédit foncier* e o *Crédit mobilier* na França bonapartista; a integração entre economia e urbanismo, entre a «finança sansimonista» e os «contos fantásticos de Haussmann» foi minuciosamente analisada por Louis Girard no seu ensaio de 1952. Por isso a cidade organizada por Haussmann nos parece o quadro adequado e congenial da sociedade descrita pelos Goncourt e por Maxime du Camp, pintada por Manet e por Monet. Aquilo que distingue a gestão urbana da gestão dos outros sectores é o seu sucesso demasiado perfeito: os adversários de Haussmann não sabem contrapor-lhe outra coisa que não seja uma nostalgia literária por um passado não recuperável (Veuillot, Hugo, Baudelaire), ou então um argumento teórico que exclui a eficácia de qualquer reforma sectorial e que só provará ser eficaz num futuro longínquo (Marx e Engels). Assim, o planeamento urbano passa a ser um instrumento exclusivo da direita progressista e a cidade pós-liberal (com todos os seus defeitos técnicos) revela-se uma máquina de controlo social tão eficiente, que as classes dominantes — as que estão no poder na segunda metade do século XIX e as que mais tarde as substituirão — vão querer conservá-la o maior tempo possível: aplicar-lhe-ão algumas correcções se a margem de controlo político for considerada suficientemente ampla, mas aceitarão também as mais gritantes contradições técnicas e económicas (agravadas pouco a pouco pelo desenvolvimento tecnológico e pelo crescimento demográfico) para não pôr em perigo os mecanismos fundamentais que defendem as relações de poder entre os grupos e as classes.

Assim, a cidade pós-liberal transforma-se a pouco e pouco num anacronismo, não acidental, mas necessário na estrutura política actual: às vezes as correcções aplicadas intempestivamente nos momentos favoráveis — entre o fim do século XIX e o princípio do século XX nos países da Europa continental, no primeiro pós-guerra na Alemanha de Weimar, no segundo pós-guerra em Inglaterra e na Escandinávia — atenuaram, ou antes, quase apagaram, os seus efeitos coercivos. Mas nos outros casos — como o nosso aqui, em Itália — a gestão instaurada há cem anos conservou-se numa forma muitíssimo próxima da originária e adquiriu uma excepcional rigidez, quase impossível de modificar (por isso a reforma urbanística não parece possível nem sequer parcialmente). É preciso além disso ter em conta que no Terceiro Mundo — na América do Sul, no Médio Oriente — está agora em curso uma urbanização acelerada que reproduz e amplifica todas as características típicas da segunda metade do século XIX europeu: o excelente ensaio de Paul Vieille sobre Teerão, datado de 1968, dá bem uma ideia da situação. Portanto, a relação entre cidade e sociedade é hoje quase completamente contrária ao que era na Idade Média. A cidade em que vivemos não é o reflexo fiel da sociedade no seu conjunto, mas um mecanismo mais rígido, que serve para retardar e para amortecer as transformações em todos os outros campos, para fazer durar mais tempo a hierarquia dos interesses consolidados. Os inconvenientes técnicos que todos conhecemos — o congestionamento do tráfego, a densidade de construção, a escassez dos serviços, a destruição do ambiente natural — não são consequências inevitáveis da vida moderna, mas o preço que se paga para conservar uma combinação de poderes que já contrasta com as possibilidades oferecidas pelo desenvolvimento económico e tecnológico. A *ville radieuse*, que se ficou pelas páginas dos livros de Le Corbusier e que só foi realizada em amostras isoladas, não é uma Utopia, uma cidade do futuro; é, pelo contrário, a cidade que seria já possível com os meios técnicos e económicos actuais, mas não com os instrumentos jurídicos e administrativos actuais.

Se não se fizer esta distinção, que deriva da análise histórica, qualquer discurso sobre a cidade contemporânea é ambíguo e ineficaz. O método de Cuvier é hoje impraticável, porque a cidade contemporânea não é a cidade moderna, mas uma cidade idealizada há mais de cem anos e imposta à sociedade moderna como vínculo político; por enquanto, à cidade moderna — isto é, à cidade que a pesquisa moderna pôde, até agora, elaborar — resta uma alternativa teórica ou uma série descontínua de realizações parciais.

Os estudiosos do Sigmund Freud Institut de Frankfurt — Alexander Mitscherlich e os seus alunos Heide Berndt, Alfred Lorenzer, Klaus Horn — publicaram algumas análises psicológicas e sociológicas actualizadas sobre a cidade contemporânea; mas, aceitando o postulado da correspondência imediata entre cidade e sociedade, consideram que a cidade contemporânea é sem dúvida a «cidade moderna», o produto fiel da pesquisa arquitectónica moderna; por isso criticam, com razão, a «cidade inabitável, instigadora de discórdia» em que vivemos, mas perdem tempo a procurar as origens das suas disfunções na ideologia da arquitectura moderna: *a arquitectura funcionalista será verdadeiramente funcional?* é o título de um ensaio de Heide Brandt, que imobiliza uma fase da pesquisa arquitectónica e não tem em conta a passagem da pesquisa à realidade construída.

Precisamente devido à situação anómala da cidade no mundo contemporâneo, a investigação histórica tem uma tarefa essencial a cumprir, que é também de natureza operacional: o esclarecimento do processo que conduziu à situação actual é, de facto, uma premissa indispensável para atacar essa situação de modo realista. A *recherche patiente* dos arquitectos modernos demonstrou em cinquenta anos que a cidade em que vivemos não é inevitável e definiu as alternativas possíveis; mas arrisca-se a imobilizar-se nesta contraposição, a ver essas alternativas envelhecerem sem ter tido tempo de experimentá-las e de corrigi-las, se não fizer uma pesquisa igualmente cuidadosa dos mecanismos que impedem a realização das novas propostas: esses mecanismos são escalonados em cem anos de História recente e só podem ser isolados pela investigação histórica.

Tal investigação é especialmente importante em Itália, onde a gestão urbana pós-liberal começa logo após a unificação (a lei de 1865 sobre a expropriação por utilidade pública, que fixa de uma vez por todas a relação entre os interesses em jogo, pertence ao grupo das leis fundamentais do novo Estado) e continuou estável até hoje, como já se disse, com poucas correcções posteriores.

Este juízo tem, porém, de ser definido e articulado estudando as histórias particulares de muitas cidades; de facto, ele é ineficiente se não se conhecerem as desigualdades ou as anomalias do desenvolvimento local. Não basta registar um balanço geral, mesmo que estatisticamente correcto, para depois nos lamentarmos; é preciso descobrir os pontos fortes e os pontos fracos para podermos ter esperança de modificá-lo. É um trabalho que está ainda quase todo por fazer; de facto, as únicas monografias utilizáveis — elaboradas em termos históricos precisos, não em termos míticos de «forma urbana» eternamente presente — são, até à data: o livro de Lando Bortolotti sobre Livorno (1970), o livro de Silvano Fei sobre Florença (1971) e o livro de Italo Insolera sobre a Roma moderna (1962, actualizado em 1971) que, no entanto, constitui apenas uma introdução à extensíssima matéria dos cem anos de Roma como capital.

A urgência de tal tarefa põe-nos também, perante o passado remoto, numa situação cientificamente mais frutuosa, porque nos obriga a destruir os hábitos e as normas institucionais dados como caducos e impede-nos de os projectarmos no passado. A cidade pode ser estudada como um objecto normal de investigação histórica, não privilegiado e não ligado de modo especial ao chamado espírito de uma época; como uma construção histórica variável com o tempo, às vezes em uníssono com os outros factos, outras vezes antecipando-se a eles, outras ainda atrasada em relação a esses outros factos, segundo modalidades sempre variáveis.

A história da cidade pode deixar de ser um tema especializado; pode transformar-se numa secção da história comum, que estuda e confronta precisamente as especializações mutáveis construídas nos diversos períodos, todas elas contingentes e modificáveis.

O DESENVOLVIMENTO DA CIDADE MODERNA

1

A arquitectura moderna é a investigação das maneiras possíveis de organizar o ambiente construído, desde os objectos de uso até à cidade e ao território. Esta definição da sua missão actual vale também como interpretação do passado e permite considerar a história da arquitectura como história do ambiente construído, produzido pela presença do Homem na superfície terrestre. A distinção entre o ambiente humano e o ambiente natural, a distinção entre o ambiente físico e as outras circunstâncias que constituem o conjunto da vida individual e social são distinções de facto, que devem ser conferidas empiricamente em qualquer lugar e em qualquer tempo. Por isso a história da arquitectura se transforma numa secção da História em geral e não exige uma metodologia separada; é um dos cortes possíveis que a investigação histórica executa no tecido compacto dos factos humanos. As relações entre arquitectura e vida individual e social não são fixas e definíveis por via teórica, mas variáveis e sempre novas.

2

As principais fases da história da arquitectura dependem das grandes alterações nos métodos de produção, que correspondem aos saltos do desenvolvimento demográfico:

a) a passagem da colheita ao cultivo dos géneros alimentícios, que permite a fixação estável e integrada da aldeia neolítica (há cerca de dez mil anos);

b) a formação dos grupos dirigentes — guerreiros, sacerdotes, escribas, artesãos especializados, distintos dos produtores de géneros alimentícios — que torna possível o nascimento da cidade e da civilização urbana (há cerca de cinco mil anos);

c) o alargamento desta classe dirigente como consequência da introdução de apetrechos mais acessíveis — feitos de ferro em vez de bronze — e da escrita alfabética (há cerca de três mil anos);

d) a «revolução comercial» baseada no melhoramento da produção agrícola e artesanal e numa nova organização do trabalho não servil (há cerca de oitocentos anos);

e) a «revolução industrial», isto é, o desenvolvimento ilimitado da produção e do consumo, aplicando à tecnologia os resultados da pesquisa científica (há cerca de duzentos anos).

3

O ambiente contemporâneo é sobretudo caracterizado pelos efeitos do desenvolvimento industrial: já sofreu no passado, sofre agora ou está para sofrer uma série de transformações mais profundas e mais rápidas do que as que se deram em qualquer outra época posterior ao nascimento da cidade.

É portanto lógico considerar o ambiente anterior a estas transformações como um todo único: a *cidade pré-industrial* (que engloba as cidades do passado, antes da revolução industrial, e as cidades do presente ainda não alteradas pelos seus efeitos).

Nesta perspectiva, as diferenças devidas às fases precedentes perdem a importância e adquirem relevo as características comuns: a contraposição insuperável entre a cidade (o ambiente da minoria dominante) e o campo (o ambiente da maioria subalterna); os tempos das transformações — mais lentos no campo, mais rápidos na cidade — mas sempre bastante moderados de modo a produzirem um sistema estável, onde os desequilíbrios parciais possam ser compensados lenta e gradualmente; a desproporção entre a intervenção humana e o enquadramento natural, em que todos os artefactos realizados pelo Homem acabam por ser necessariamente integrados; a estabilidade da relação entre os indivíduos, os grupos, as comunidades e o seu ambiente construído, que justifica a ideia da cidade como sede integrada de todo o corpo social.

4

Este sistema é subvertido e desencadeado pela revolução industrial. As principais características da *cidade industrial*, que fazem com que seja diferente da cidade pré-industrial, podem ser assim resumidas:

a) o sistema de aglomeração está em movimento contínuo e não tende para um novo equilíbrio estável, mas cada transformação faz prever outras, cada vez mais profundas e cada vez mais rápidas. A aceleração crescente faz com que sejam perceptíveis as transformações no curso da vida humana: assim, a mudança do cenário físico transforma-se numa experiência individual, além de colectiva, e a relação tradicional entre vida e ambiente inverte-se: o ambiente deixa de ser uma referência estável para os destinos variáveis das pessoas, mas renova-se com mais rigidez do que as recordações e os hábitos, exigindo das pessoas um contínuo esforço de adaptação;

b) todas as quantidades em jogo — número de habitantes, número de casas, quilómetros de estradas, número e variedade de bens e de serviços — aumentam e superam em grande escala os valores alcançados no passado. A mobilidade, em particular, adquire uma importância crescente: os meios de transporte e de comunicação desenvolvem-se e multiplicam-se, reduzindo cada vez mais o obstáculo das distâncias;

c) a distinção entre cidade e campo está também em vias de transformação. A relação entre as duas quantidades vai-se lentamente modificando, isto é, a cidade cresce mais rapidamente do que o campo, e embora a população urbana fosse desde sempre uma pequena minoria, transforma-se agora numa fracção cada vez mais consistente e com a possibilidade de vir a ser uma maioria. Mas, acima de tudo, a distinção entre os dois tipos de aglomeração perde o seu carácter inevitável: é mantida e mesmo acentuada por diversas razões políticas, porém não é já tecnicamente necessária e dá origem à perspectiva concreta de uma nova aglomeração unitária em que as diferenças de densidade sejam reduzidas a diferenças secundárias e livremente modificáveis;

d) todas as vantagens quantitativas e qualificativas do novo sistema de aglomeração — embora desigualmente distribuídas — podem ser tecnicamente extensíveis a toda a população e são prometidas, embora não sejam dadas, a toda a população.

A cidade industrial não é com certeza ainda a cidade dos homens iguais, mas nela a igualdade deixa de ser uma utopia teórica para passar a ser uma proposta praticável.

5

A novidade destas características põe de novo o problema do controlo político. Os métodos tradicionais de gestão da cidade pré-industrial revelam-se inadequados à cidade industrial e caem em desuso ou transformam-se em obstáculos ao desenvolvimento das novas transformações.

Mas, enquanto a recusa dos métodos tradicionais se impõe como uma obrigação inevitável, a escolha dos métodos de controlo revela plenamente os contrastes entre as classes e efectua-se a um nível político, que se sobrepõe ao desenvolvimento material e com ele muitas vezes contrasta.

Consideraremos as formas de gestão como critério para distinguir as fases da história da cidade industrial e referir-nos-emos aos países onde o desenvolvimento industrial começou antecipadamente (Inglaterra, Europa Central, Estados Unidos da América) para estabelecer uma série de fases principais que servirão de referência a todas as outras situações em que as coisas se passaram de modo diverso. De facto, as condições gerais do desenvolvimento são as mesmas em todo o lado e permitem uma comparação real entre todas as situações; as condições particulares são, pelo contrário, diferentes e dão origem a uma diversidade de respostas.

As fases da nossa esquematização podem ser antecipadas, retardadas, omitidas ou invertidas; assim esclareceremos as ligações entre as situações e entre os meios para as enfrentar.

6

Na primeira fase de desenvolvimento da cidade industrial, a teoria e a prática políticas estão empenhadas na polémica contra os instrumentos de gestão da cidade pré-industrial; estes, à semelhança dos outros regulamentos do *ancien régime* no campo económico e social, são considerados obstáculos a eliminar e alimenta-se a hipótese de que a cidade — como o mundo económico — poderá desenvolver-se segundo as leis do mercado, sem uma intervenção reguladora da autoridade pública.

Esta tendência é interpretada tendo em conta que o «livre mercado» é a condição exigida pelo capital para desvincular-se da hierarquia social anterior e estabelecer uma nova. Alargar as leis do mercado ao ambiente social não significa portanto realizar um ambiente livre e igualmente acessível a todas as classes: significa, pelo contrário, admitir o capital imobiliário no regime de concorrência que o capital empresarial reclama para se desenvolver. Mas a livre interferência das intervenções localizadas no território dá origem a uma série de inconvenientes: desordem, congestionamento, poluição, que não podem ser eliminados sem novas intervenções da autoridade pública.

A cidade daí resultante é a *cidade industrial liberal:* o ambiente precário e caótico descrito pelos inquéritos dos reformadores sociais e pelos romances populares pouco antes da primeira metade do século XIX.

7

Os inconvenientes da cidade liberal — acentuados pela crise económica no pós-guerra que se seguiu a 1815 — dão origem a uma discussão teórica em que se indicam dois remédios opostos: os radicais — John Stuart Mill, Herbert Spencer — lamentam a completa eliminação dos velhos regulamentos e recusam-se a introduzir novos, isto é, levam ao extremo a tese da gestão liberal; os socialistas propõem, pelo contrário, formas de aglomeração completamente novas — os paralelogramas de Robert Owen, os falanstérios de Charles Fourier, a cidade igualitária de Etienne Cabet— baseadas em regras particularizadas e vinculadoras, isto é, levam ao extremo a tese alternativa da gestão planificada.

8

No mesmo período (a primeira metade do século XIX), as exigências técnicas derivadas do desenvolvimento das infra-estruturas — em especial dos caminhos de ferro, que se começam a construir em 1825 — e as dificuldades higiénicas provenientes do crescimento e da concentração dos aglomerados urbanos, obrigam as administrações públicas a intervir no território com decisão e frequência cada vez maiores.

As etapas desta progressiva interferência do poder público nas propriedades privadas são:

a) as leis sanitárias, que permitem alargar os mesmos procedimentos a zonas inteiras, para realizar trabalhos de transformação global; estas leis tornam-se necessárias após a passagem da cólera da Ásia para a Europa (1830) e são grandemente contestadas pelos radicais; as duas primeiras são aprovadas em Inglaterra, em 1848, e em França, em 1850.

9

O âmago destas questões só é visível quando as classes subalternas — que suportam este e outros inconvenientes do desenvolvimento industrial — se apresentam como um novo interlocutor, independente e notório, da luta política: no movimento cartista inglês de 1844, na revolução de Fevereiro de 1848 em França, nos movimentos sociais e nacionais que se acendem em vários países entre 1948 e 1949 e nos ajustes políticos que se seguem.

Para estabelecer uma relação entre os acontecimentos históricos em geral e aqueles que nos interessam, reparemos na coincidência das datas:

1847, manifesto de Cabet, *Allons en Icarie,* última utopia revolucionária;

1848, Janeiro, *Manifesto do Partido Comunista* de Marx e Engels;

1848, Fevereiro, revolução em França;

1848, primeira lei urbanística inglesa;

1849, publicação do livro de Buckingham que contém a descrição de Victoria, primeira utopia técnica contra-revolucionária;

1850, primeira lei urbanística francesa, votada pela Segunda República;

1851, golpe de Estado de Luís Napoleão. Começa o Segundo Império.

10

Os novos regimes conservadores que saem vitoriosos das lutas de 1948 — o Segundo Império em França, o Estado unitário imperial de Bismarck na Alemanha, a nova orientação política dos *tories* de Disraeli em Inglaterra e, mais tarde, o estado unitário Saboia de Cavour em Itália — abandonam (a nível da cidade e a outros níveis) a hipótese liberal e instauram novas formas de gestão pública.

Fig. 2-3: *Os dois modelos de construção da cidade pós-liberal: a rua corredor ao centro e as filas de moradias na periferia (p. 41). Desenhos de Le Corbusier.*

No campo que nos interessa, a mudança tem dois objectivos: a) eliminar os obstáculos do desenvolvimento urbano devido à livre concorrência e interferência das iniciativas imobiliárias; b) regulamentar — contra a ameaça de um adversário comum — o proletariado urbano derrotado na repressão de Junho de 1848 em Paris — os interesses recíprocos do capital imobiliário e o resto do capital.

O resultado desta mudança é a *cidade industrial pós-liberal*, que tem como modelo dominante a reconstrução de Paris de 1853 a 1869. Baseia-se num acordo entre a propriedade imobiliária e a burocracia pública (que representa os interesses gerais do capital); reconhece-se o espaço de pertinência de uma e de outra e fixa-se com precisão o limite entre os dois espaços. Esta solução supera e coloca fora de jogo as anteriores hipóteses teóricas contrapostas. Tem um sucesso imediato e avassalador que provoca as lamentações dos tradicionalistas, mas acaba com qualquer oposição reflectida dos inovadores e também do movimento socialista.

Durante mais de um século a gestão urbana é considerada como domínio exclusivo do poder instituído, autoritário ou reformista, e não como possível campo de ataque a esse poder.

11

Descrevemos tecnicamente a gestão pós-liberal.

A administração pública garante para si um espaço que é o mínimo necessário para fazer funcionar a cidade no seu conjunto: aquele que é necessário para rede de percursos (estradas, praças, caminhos-de-ferro, mais tarde auto-estradas, etc.) e a rede de instalações (aquedutos, esgotos, mais tarde gás, electricidade, telefone, etc.). A propriedade imobiliária gere o resto do território, isto é, os terrenos servidos por estas várias redes (que se chamam urbanizados); a própria administração, no caso de ter que realizar outros serviços públicos não directamente ligados à fruição dos terrenos privados (escolas, hospitais, prisões, quartéis, mercados, etc.) tem de comportar-se como uma entidade privada em concorrência com as outras; daqui nasce a distinção entre serviços *primários* e *secundários*.

A utilização dos terrenos para construção depende dos proprietários (privados ou públicos); a administração tem sobre eles apenas uma influência indirecta, através dos regulamentos que limitam as medidas dos edifícios em relação às medidas dos

40

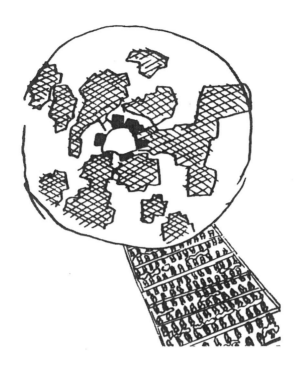

espaços públicos e estabelecem as relações entre os edifícios e os espaços livres contíguos. Os *planos reguladores* são o quadro de união dos espaços públicos e das limitações regulamentares impostas à utilização dos espaços privados.
Em consequência desta repartição, os proprietários retêm toda ou grande parte da renda absoluta ou diferencial produzida pela urbanização dos terrenos e pelas trasformações sucessivas. A administração, pelo contrário, financia as suas intervenções a fundo perdido, reúne os fundos fazendo empréstimos e amortiza-os com a colecta dos impostos, isto é, aplica as despesas de formação de renda a toda a colectividade.
O desenho da cidade é o desenho das linhas limítrofes entre espaços privados e espaços públicos (as frentes da construção). Nestas frentes estão localizadas as funções terciárias — comércio, tráfego — que se transformam assim nas funções privilegiadas da cidade. As frentes são fixas ou mudam mais raramente, ao passo que os edifícios que ocupam os lotes para construção são intercambiáveis segundo as variações da renda

de localização. Assim, o aumento da renda condiciona o desenvolvimento e a forma geral da cidade: criam-se as diferenças e fazem-se as transformações que permitem que esse aumento seja o máximo, comprometendo, por outro lado, a estabilidade da relação entre a população e as suas sedes de vida e de trabalho e mantendo as pessoas perpetuamente em movimento.

De acordo com a importância da rede de estradas, os terrenos podem ser utilizados de duas maneiras: construindo ao longo das estradas ou fazendo construções recuadas. No primeiro caso favorece-se a fixação das funções terciárias ligadas à estrada, mas aceitam-se os incómodos que daí derivam para as outras funções (a residência, o trabalho); no segundo caso, renuncia-se aos laços com a estrada e ganha-se uma zona de respeito que protege as funções do edifício recuado. Daqui derivam as duas formas principais de construção: o prédio de muitos andares à beira da estrada ou a vivenda rodeada por um jardim que servem para residência e — por atracção — para numerosas outras funções.

12

A combinação até agora descrita atribui aos interesses fundiários (especulativos, anticoncorrenciais) uma posição privilegiada no desenvolvimento do território, sacrificando em proporção os interesses empresariais (ver n.º 13, ponto *e*) e descarregando na administração pública pesados custos técnicos e económicos (n.º 13, pontos *b, c* e *g*). Por seu lado, os interesses fundiários fornecem a toda a classe dominante o apoio de um mecanismo discriminante que vai onerar bastante os estratos sociais mais débeis, confirmando, portanto, as relações de subordinação existentes.

Esta combinação precisa de uma cobertura cultural: simultaneamente com a gestão pós-liberal, definem-se as posições profissionais dos especialistas que têm de fazê-la funcionar, mas que têm de ficar alheios às decisões importantes, reservadas aos dois poderes em jogo. Tais especialistas são:

a) *os engenheiros* que recebem uma formação baseada nas ciências puras, em doses desproporcionadas às aplicações, mas necessárias para transferir a abordagem dedutiva das ciências gerais para as ciências particulares;

b) *os arquitectos* que cultivam, pelo contrário, uma liberdade ilusória num campo separado da experiência comum (artístico, humanista, poético).

Estas duas deformações sobrevivem nos programas das faculdades de engenharia e de arquitectura actuais, que ainda derivam dos modelos franceses da segunda metade do século XIX.

13

A cidade pós-liberal tem uma série de contrastes:

a) *é demasiado densa.* De facto, os construtores têm tendência a aumentar os edifícios proporcionalmente ao valor dos terrenos, mais no centro e menos na periferia. Mas, à medida que a cidade cresce, a pirâmide dos valores fundiários estende-se e eleva-se; assim, os edifícios são reconstruídos cada vez mais intensamente nos mesmos espaços;

b) *é congestionada, isto é, pobre em serviços primários.* De facto, a reconstrução dos edifícios aumenta a densidade mas não modifica (ou modifica muito pouco) a largura das ruas; além disso, o crescimento concêntrico sobrecarrega todas as novas expansões, para o exterior, da rede de estradas e de instalações, que passa a ser insuficiente. O progresso tecnológico agrava o congestionamento, porque introduz na rede de estradas existentes outros tipos de tráfego (os eléctricos, os automóveis, etc.) e exige a montagem de outras instalações (o gás, o telefone, a electricidade) que é difícil de conseguir nos bairros já construídos;

c) *é pobre em serviços secundários.* Com efeito, no concurso para exploração dos lotes, a administração encontra-se em desvantagem porque tem menos meios e chega tarde. Por outro lado, o progresso tecnológico multiplica as atribuições da administração e exige cada vez mais serviços secundários novos (outras escolas, outros hospitais, mercados, matadouros, parques de estacionamento, aeroportos, etc.).

d) *não tem alojamentos económicos para as classes subalternas* que são, no entanto, necessárias ao desenvolvimento das funções urbanas. De facto, o valor das casas oferecidas tem tendência a subir mais alto do que a procura, devido à pressão da renda fundiária, e exclui toda a faixa da procura de casas económicas, excepto a parte que pode ser satisfeita nas posições mais incómodas e mais precárias da cidade: na periferia extrema, próximo das fontes de incómodo (caminhos-de-ferro, indústrias e instalações nocivas);

e) *não tem lugar para as indústrias e grandes instalações análogas.* De facto, a forma radiocêntrica é imposta pelo privilégio concedido às funções terciárias e não deixa que subsistam grandes áreas livres com possibilidade de expansão para as actividades secundárias, senão nas zonas limítrofes; mas as zonas limítrofes deslocam-se e as indústrias passam a ficar englobadas na zona de habitação (incomodando-se reciprocamente) ou têm de transferir-se para mais longe ainda. A exclusão de indústrias, grandes instalações e habitações para as classes subalternas dá origem, em volta da periferia «normal», a uma faixa utilizada de modo mais precário *(banlieue, bidonville,* etc.) que é gradualmente ocupada pela cidade e que se desloca sempre para o exterior;

f) *é feia (mais feia do que dantes).* De facto, a forma física reproduz o automatismo dos mecanismos económicos e sociais de base; além disso, perde-se a relação tradicional entre cidade e campo cultivado, que são separados pela *banlieue* semiurbanizada. Daí a importância da transformação estilística e o uso dos monumentos da cidade antiga como pano de fundo de novas ruas ou praças, aproveitando da cidade antiga o prestígio formal que falta à cidade nova;

g) *faz com que seja perene e crescente o* déficit *da administração,* que tem de pagar os serviços primários e secundários mas que não pode utilizar, para esse fim, a mais-valia fundiária. Esta é a contradição mais profunda; de facto, a gestão pós-liberal funciona definitivamente só nos períodos em que o *déficit* pode crescer livremente, isto é, nos períodos em que os preços também aumentam (e, por isso, entre 1850 e 1870, mas não entre 1870 e 1890, e depois, de novo, a partir de 1890).

14

Sente-se desde o princípio a necessidade de atenuar estas contradições com algumas correcções, que agrupamos na mesma ordem:

a) a densidade crescente é limitada pelos regulamentos que fixam o aproveitamento admissível e as relações aceitáveis entre edifícios e espaços livres, públicos ou privados. Mas o conflito entre o impulso económico e os regulamentos continua a ser forte e produz, quer um aumento dos máximos regulamentares, quer um hábito generalizado de abusos. Como compensação para a densidade excessiva da cidade oferecem-se alguns grandes espaços públicos (avenidas, praças arborizadas e os parques públicos que se referem também no ponfo *f*);

b) o congestionamento tem um custo crescente; a administração tem de assegurar, em todos os casos, a praticabilidade mínima da rede de estradas e o funcionamento mínimo das instalações, mas tem de gastar cada vez mais para obter cada vez menos. Um produto típico desta lógica é a rede ferroviária subterrânea do metropolitano, que substitui os transportes públicos de superfície, bloqueados no tráfico promíscuo das ruas. A partir de um certo ponto, a utilização da rede de estradas tradicional passa a ser cada vez mais restritiva (semáforos, sentidos únicos, faixas de rodagem reservadas, etc.);

c) a escassez dos serviços secundários pode remediar-se se se corrigir o ponto *g*, isto é, se a administração tiver mais meios para adquirir os terrenos e realizar os serviços; a despesa com os terrenos pode ser reduzida levantando um processo de expropriação favorável à administração, com indemnizações mais baixas que os valores do mercado;

d) a procura de casas económicas tem de ser satisfeita com uma oferta extraordinária de casas construídas ou subsidiadas pela administração a preços políticos. Nascem assim os programas de *casas populares,* que satisfazem, pelo menos, uma parte da procura;

e) uma colocação racional das indústrias e das grandes instalações na cidade exigiria uma modificação da estrutura radiocêntrica, que a hierarquia das funções torna impossível. O único tipo de ordem compatível com esta estrutura é o agrupamento dos inconvenientes industriais num sector da coroa externa servido por caminhos de ferro ou canais e o mais possível isolado da cidade: é a *zona industrial* que degrada, com a sua presença, a antiga periferia;

f) as correcções à fealdade da cidade são: *a conservação parcial do centro histórico,* de que já se falou; *a decoração urbana,* isto é, o conjunto dos ornamentos epidérmicos (decoração de fachadas, de ruas, colunas, estátuas, «monumentos») impostos por lei ou feitos por comissões especiais, que seleccionam também as tabuletas das lojas, os cartazes publicitários, etc.; *a distribuição das zonas verdes* (árvores, canteiros, etc.), que reintroduzem ou simbolizam o ambiente natural empurrado para longe da cidade;

g) o desequilíbrio da administração pode ser reduzido de duas maneiras: recuperando com impostos especiais uma parte da mais-valia retida pelos proprietários dos terrenos, ou então constituindo uma reserva de áreas públicas adquiridas antecipadamente, quando eram agrícolas, e prontas para serem urbanizadas, para nelas instalar os serviços secundários e também (se forem em quantidade suficiente) para tabelar os preços dos terrenos privados.

Estas correcções são introduzidas esporadicamente a partir do início da gestão pós-liberal. Transformam-se num sistema coerente, que modifica a fisionomia geral da cidade a partir do último decénio do século XIX, altura em que a conjuntura económica favorável facilita a solução do desequilíbrio financeiro (ponto *g*), em que o movimento socialista se organiza para obter uma série de reformas favoráveis às classes menos favorecidas, e em que a pesquisa histórica identifica, na nossa área, uma série de modificações compatíveis com o equilíbrio dos poderes (que é o núcleo político da praxis pós-liberal).

Chamaremos à cidade assim modificada *cidade industrial pós-liberal corrigida*.

15

No primeiro pós-guerra, a pesquisa arquitectónica ultrapassa o ponto de compatibilidade com os interesses constituídos e elabora uma verdadeira alternativa à cidade pós-liberal corrigida ou não: a *cidade moderna*.

A alternativa proposta pela pesquisa arquitectónica moderna não deriva de uma análise política da gestão vigente, mas de uma análise científica naturalmente neutra quanto às possíveis utilizações por parte das forças políticas que exercem o poder nos cinquenta anos seguintes. Mas como a gestão escolhida pelos interesses dominantes exclui a abordagem científica às decisões globais (exige apenas o estudo científico dos quesitos particulares já definidos pelas opções que foram anuladas e esconde a natureza política dessas opções com o apelo a uma fictícia liberdade artística), a análise científica global iniciada com a arquitectura moderna transforma-se num instrumento de ruptura: é oferecida, de facto, a uma pluralidade de forças políticas e sociais — os industriais a quem se dirige o apelo de Le Corbusier, a social-democracia alemã, o comunismo soviético — nenhuma das quais quer aplicar a fundo os seus resultados, porque não renuncia (ou não renuncia completamente) ao aparelho repressivo da gestão urbana pós-liberal.

16

As fases da pesquisa são impostas simultaneamente pela exigência científica de proceder da análise para a síntese e pela reacção dos comitentes, que seleccionam os resultados da pesquisa, admitindo na prática só aqueles que são facilmente conciliáveis com os interesses e os hábitos vigentes, logo os modelos dos elementos e não dos agregados de conjunto.

A primeira fase — localizada sobretudo no período entre as duas guerras — diz respeito à análise das funções urbanas (assim classificadas pela Carta de Atenas; habitar, trabalhar, cultivar o corpo e o espírito, circular) e ao estudo dos mínimos elementos funcionais para cada uma delas.

A segunda fase — localizada nos vinte anos que se seguem à segunda guerra — diz respeito ao estudo dos modelos de agrupamento e conduz a uma definição do conceito de unidade de habitação.

A terceira fase, que se prolonga até hoje, tem como tema central a pesquisa dos agregados sucessivos até à dimensão completa e auto-suficiente da *cidade* tradicional. Os projectos e as realizações modernas de novas cidades formam uma sequência que inclui: as utopias do princípio do século XX (as cidades-jardim, a cidade industrial de Garnier); os modelos russos (quase só teóricos) entre as duas guerras; as novas cidades inglesas do primeiro pós-guerra; as realizações inglesas seguintes e as novas cidades francesas; as novas capitais artificiais (Brasília, Chandigarh, Islamabad) e as grandes aglomerações planificadas do Terceiro Mundo.

As duas últimas fases são ainda em grande medida bloqueadas pela importância das resistências políticas. A cidade moderna continua a ser uma gama de modelos teóricos e de realizações parciais que ainda não puderam transformar-se numa experiência difundida (fig. 4-7).

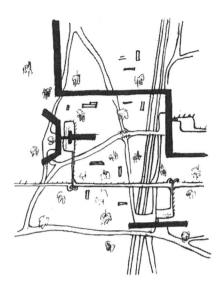

Fig. 4: Uma imagem emblemática do novo espaço urbano moderno: os grandes volumes de construções e as estradas distanciadas no espaço verde. Desenho de Le Corbusier de 1947.

17

Os resultados parciais da pesquisa, seleccionados politicamente e aceites na prática corrente, introduziram, pelo contrário, na gestão pós-liberal, uma segunda série de correcções; a partir do segundo pós-guerra encontramos portanto um modelo ainda modificado, a *cidade industrial pós-liberal recorrigida*.

As principais alterações são duas:

a) a aquisição generalizada (ou a posse pública da quase totalidade do território) que põe a administração em posição de controlar livremente as zonas de expansão no momento da urbanização, de ordená-las e, depois, distribuir os terrenos entre as utilizações privadas e públicas; desloca, portanto, tanto no tempo como no espaço, a relação entre administração e propriedade e resolve radicalmente a dificuldade do ponto *g* (n.º 13);

b) a extensão dos programas de construção pública, que interessam à maior parte ou à quase totalidade da produção de construções, resolvendo completamente, ou quase, a dificuldade do ponto *d* (n.º 13). Esta concentração permite uma industrialização da construção civil cada vez mais veloz, em alguns países, no último decénio.

Note-se que estas alterações se referem às condições preliminares, não ao mérito das propostas da arquitectura moderna: permitiriam a realização de uma cidade completamente diferente, mas conduzem quase sempre a reproduzir — ou a transferir em maior escala — os mecanismos discriminantes da cidade pós-liberal.

Com efeito:

a) são aplicadas em zonas limitadas e conduzem, nas zonas circunvizinhas, às habituais transformações da praxis pós-liberal, corrigida ou não; isso acontece à escala urbana (nos casos em que dizem respeito ao *redevelopment* dos centros — sobretudo nos Estados Unidos — e não à periferia) ou à escala territorial (quando se referem à realização de novas cidades, sem se controlar do mesmo modo as modificações das cidades antigas tradicionais);

b) os projectos não aproveitam muitas vezes as oportunidades novas contidas no processo fundiário ou organizativo.

18

À escala internacional, esta situação originou, nos últimos dez anos, uma polarização de experiências cada vez mais nítida que não pode ser considerada um facto contingente e faz com que sejam discutíveis as bases ideológicas da pesquisa moderna.

Com efeito, em alguns países — Inglaterra, Europa central e setentrional, parte dos Estados Unidos — a pesquisa moderna transformou grandemente a produção geral e mantém-se em equilíbrio entre uma correcção posterior e um alternativa de gestão pós-liberal (que resiste há mais de um século e se apresenta ainda, estatisticamente, como a gestão dominante na cidade industrial).

Noutros países — parte da Europa meridional, Ásia, África, América Latina — as transformações planificadas referem-se a uma parte cada vez mais restrita das aglomerações — a reservada às classes dominantes — e à volta delas crescem, a um ritmo mais veloz, os aglomerados não planificados das classes subalternas que já não se podem considerar marginais porque se tornam numa parte cada vez mais considerável das novas cidades.

Figs. 5-7: Amesterdão moderna. O plano regulador de 1934, a periferia Oeste construída e o projecto de ampliação para leste de Bakema e van den Broek (1965).

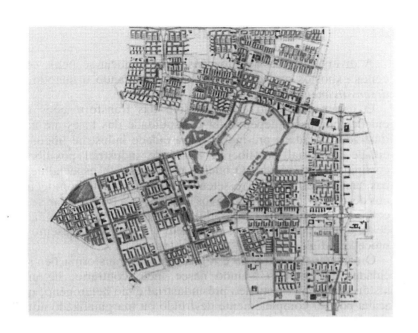

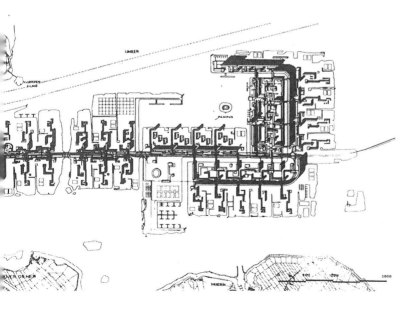

19

A diversidade destas situações pode explicar-se pelos conceitos expostos nas teses precedentes, aplicando o método do *desenvolvimento desigual*.

O carácter unitário e progressivo das transformações nas cidades europeias depende da continuidade das fases até aqui ilustradas; a cidade pré-industrial, a cidade industrial liberal, a cidade industrial pós-liberal, a cidade industrial pós-liberal corrigida e recorrigida. O núcleo pré-industrial, especialmente nas suas partes barrocas e setecentistas, é bastante homogéneo nos desenvolvimentos sucessivos e presta-se a transformar-se no centro (mais ou menos alterado) da cidade industrial; as fases desta última apresentam-se na ordem em que as expusemos e procedem dialectivamente uma da outra.

O carácter fragmentário e regressivo das transformações nas cidades do Terceiro Mundo nasce, pelo contrário, de uma história diferente: o núcleo pré-industrial é tão heterogéno, que acaba por ser completamente destruído ou marginalizado numa cidade completamente nova (os subúrbios indígenas na cidade europeia); falta a fase liberal oitocentista e estabelece-se uma passagem directa da situação pré-industrial para a pós-liberal; faltam as correcções da primeira série (não valiam a pena) e as correcções da segunda série caracterizam algumas zonas especializadas, enquanto que, em volta, se assiste a uma expansão de tipo «liberal», que compensa os estrangulamentos de um desenvolvimento demasiado rápido.

No entanto, este modo de exposição (que respeita uma sucessão normal de fases e depois as suas variantes anómalas) passa a ser cada vez menos persuasivo à medida que as anomalias se consolidam e se transformam em regra em vez de excepção.

20

Quanto à Itália, tentemos agrupar as características mais importantes do desenvolvimento nacional (a confrontar depois com a variedade das situações regionais e locais):

a) as cidades pré-industriais eram numerosas (as cem cidades), extensas e bem equipadas, especialmente aquelas que ficaram como capitais de Estado regionais ou locais; assim puderam absorver sem descompensações a primeira fase do desenvolvimento seguinte que preencheu os espaços vazios nas muralhas demasiado grandes (Florença, Bolonha, Ferrara, etc.); além disso, a degradação dos centros históricos substituiu, durante muito tempo, a formação das *banlieues* de barracas na periferia;

b) a formação do Estado unitário coincide com o primeiro ciclo da gestão pós-liberal europeia; logo, os princípios desta gestão continuam incorporados nas instituições e nas leis fundamentais do novo Estado (veja-se sobretudo a lei sobre a expropriação de 1865);

c) a primeira série de correcções à gestão pós-liberal é introduzida parcialmente no primeiro decénio do século XX, na época de Giolitti (factos importantes: a lei Luzzatti sobre as casas populares, de 1902, e as duas malogradas leis Giolitti sobre as áreas, de 1906); mas o seu desenvolvimento é truncado entre as duas guerras pelo regime fascista;

d) as grandes transformações urbanas e territoriais dão-se no segundo pós-guerra, na ausência de uma disciplina urbanística eficaz; hoje tenta-se a recuperação da primeira série de correcções (lei de 67) e da segunda série de correcções (lei 167 de 62 e lei sobre a habitação de 71); mas entretanto amadurece — no território e no debate político — a crise da gestão pós-liberal no seu conjunto.

A CIDADE MODERNA PODE SER BELA?

Quais são as condições históricas que produzem a beleza urbana ou provocam a sua ausência? E quais são as medidas a tomar para promover a formação da beleza urbana? Convém começar pela primeira questão, que é menos embaraçosa porque depende de uma análise do passado, próximo e remoto. Um certo número de cidades pré-industriais são ainda conservadas e habitadas como organismos distintos ou como centros de cidades modernas maiores; parecem-nos mais belas do que as cidades e as periferias construídas na época industrial, embora sendo igualmente «artificiais», isto é, diferentes e contrapostas à paisagem natural.

A Piazza Navona em Roma é a prova de que o ambiente urbano — isto é, o cenário que deriva de uma concentração insólita de artefactos humanos diversos, realizados com projectos independentes e em várias épocas — pode atingir um elevado grau de beleza, diferente mas não inferior ao de uma pintura executada por um só artista ou ao de uma paisagem não tocada pelo Homem. Por outro lado, os ambientes modernos de Roma e de Tóquio — onde à concentração e à diversidade dos artefactos se acrescentam meios técnicos e económicos muito maiores — são menos belos, ou mesmo feios e insuportáveis. O motivo deste contraste não é fácil de definir e obriga-nos a interrogarmo-nos sobre os nossos conceitos de «belo» e de «feio».

55

As definições teóricas tradicionais não nos ajudam e, por outro lado, este é um tema em evolução desde a altura em que existe uma abordagem experimental aos mecanismos da mente. Sabemos que no juízo «estético» se confrontam duas categorias complexas: a da obra a julgar e a da mente que julga, formada, por sua vez, pela sobreposição de uma estrutura genética e de um património recebido por educação. A categoria da obra tem de ser suficientemente semelhante à da mente para ser compreendida por ela e suficientemente diferente para desafiá-la; a mente tem de reconhecer na obra os traços habituais da sua experiência já adquirida e, simultaneamente, ser surpreendida por uma configuração diferente que vai enriquecer o seu património cultural e, por fim — a uma velocidade enormemente mais baixa — o seu património genético. Levi-Strauss tentou descrever deste modo o processo da percepção musical na introdução do livro *Le cru et le cuit*.

O nível qualitativo deste encontro, a que chamamos «beleza», nasce de um difícil equilíbrio entre estes dois aspectos opostos. Por isso, qualquer explicação em termos simples (mais ordenado, menos ordenado) é insuficiente e é preciso estudar de perto o objecto considerado, salientando a sua estrutura interna.

Galbraith tenta explicar o malogro estético da nossa sociedade — no capítulo 30 do *New Industrial State* — apontando três motivos:

a) a primazia da produtividade;
b) a ordem confinada pela dimensão vertical da empresa está assente na dimensão horizontal do território;
c) o método com que esta última ordem é promovida, através do trabalho colectivo e não através do trabalho de personalidades individuais.

Podemos acrescentar que a organização social está, ainda hoje, bem longe da complexidade da organização biológica de um homem (o corpo humano tem um número de células dez mil vezes maior do que o número dos habitantes da Terra, unidas por ligações nervosas ainda mais numerosas); por isso continua a ser necessário utilizar, nas encruzilhadas decisivas da estrutura social, o filtro das responsabilidades individuais e é inoportuno — ou pelo menos intempestivo — atribuir a qualquer um dos mecanismos de coordenação colectiva um valor proeminente.

A fealdade do ambiente industrial assinala talvez a dificuldade geral do planeamento moderno em ser substituído pelos modos de comportamento individuais. Ou talvez revele a dificuldade específica da relação entre o Homem e o ambiente artificial por ele produzido, devida a um grau demasiado baixo de organização dos instrumentos colectivos e a uma estrutura defeituosa, que impede de utilizar no lugar justo as contribuições individuais. Baudelaire exprimiu essa dificuldade em 1857, chamando a atenção para uma dolorosa inversão das velocidades de transformação («la forme d'une ville — change plus vite, hélas, que le coeur d'un mortel»); no passado, o Homem encontrava o cenário físico menos mudado do que o seu coração, servindo-lhe de reforço às suas recordações e de ponto de apoio para experiências novas: agora falta-lhe esse ponto de apoio e as recordações passam a ser mais preciosas e mais pesadas («mes chers souvenirs sont plus lourds que des rocs»). Daí em diante, a diferença de velocidade cresce ainda mais e o Homem não encontra — ou não consegue aplicar em grande escala — um método para fazer sarar esta ferida.

Mas é conveniente abandonarmos as questões gerais. Voltemos à Piazza Navona e tentemos descobrir o mecanismo de relações que nos agrada tanto no ambiente antigo. Os elementos que têm uma função sempre igual (paredes, portas, janelas, pilastras, cornijas, parapeitos, etc.) adaptam-se a um pequeno número de modelos, constantes no material e no desenho; estes elementos servem, porém, para compor um grande número de organismos diversos com funções mais complexas e especializadas, e a diversidade desses organismos sobressai precisamente devido à repetição dos mesmos elementos estruturais em posições sempre novas.

A estrita observância desta regra em diferentes épocas permite transformar a sobreposição dos artefactos num facto contínuo e legível, que enriquece o quadro ambiente e lhe confere espessura cronológica. As diferenças de qualidade e de época notam-se sobretudo nos elementos, sendo as diversidades de desenho e de material evidenciadas pelo confronto com a função, que permaneceu imutável. Nesta trama simples da evolução dos elementos, vem inserir-se a trama complexa da evolução dos tipos de construção (casas, prédios, igrejas, etc.) que correspondem a uma multiplicidade de funções variáveis, quer no espaço, quer no tempo. Os tipos de construção, por sua vez, funcionam como elementos provenientes de agregados anteriores (ruas, praças, bairros, cidades) onde o leque de variações simultâneas e sucessivas se alarga desmedidamente, de acordo com as funções urbanas mais ricas e mais imprecisas (fig. 8).

Fig. 8: Roma.
Uma parte da planta de Antonio Tempesta publicada por Giovanni Giacomo de Rossi em 1963. Ao alto distingue-se o espaço vazio da Piazza Navona.

Esta gama — que esquematizámos em três níveis — oferece a justa combinação de familiaridade e surpresa. Apoia-se, por um lado, na experiência habitual da relação com os artefactos simples, imediatamente reconhecíveis e fruíveis por aspectos uniformes; por outro lado na experiência pouco comum da relação com conjuntos novos e estimulantes. A previsibilidade dos pormenores — tal como num conto de Poe ou de Kafka — faz sobressair o aspecto imprevisível das combinações; dá a possibilidade de nos deslocarmos, partindo da base da experiência quotidiana e imediata, em duas direcções ortogonais: a da continuidade sincrónica e a da continuidade anacrónica; faz com que se possa percorrer o espaço e o tempo, ao longo de um itinerário não completamente previsível e não completamente inesperado.

A partir de meados do século XVIII, este sistema entra em crise devido à revolução industrial e é simultaneamente reconhecido pelos teóricos como um programa para o futuro. A fórmula de Laugier «unité dans le détail, tumulte dans l'ensemble» é repetida por Le Corbusier num desenho de 1934, onde compara o Patro dei Miracoli de Pisa e o projecto do Palácio dos Soviets, recusado no concurso de 1931 (fig. 9).

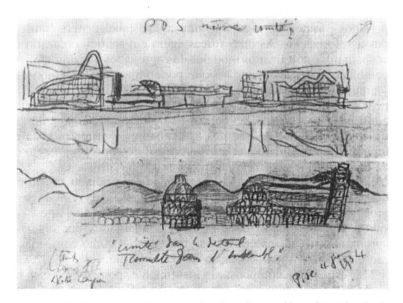

Fig. 9: «Unité dans le détail, tumulte dans l'ensemble». Desenho de Le Corbusier feito num comboio próximo de Pisa, a 4 de Junho de 1934.

Tais declarações surgem de uma crítica àquilo que acontece habitualmente. De facto, a construção recente acabou com os dois extremos. Nos bairros periféricos de Roma e de Tóquio vemos sobretudo uma multidão de elementos diversíssimos, feitos com todos os materiais e com todos os desenhos possíveis; os organismos distributivos tornam-se ilegíveis e, de facto, são bastante estandardizados: vivendas rodeadas por uma faixa de jardim, condomínios com uma escada no meio e dois montes de apartamentos à direita e à esquerda, edifícios de escritórios que se podem à vontade dividir ao meio. As diferenças dos tipos de construção desaparecem depois nos agregados superiores, comprimidos em pouquíssimos modelos uniformes; os arruamentos, a mistura de volumes altos, cada um deles procurando encontrar espaço à custa dos vizinhos.

A liberdade dos executores dos projectos está limitada aos pormenores — que têm uma relação simples e fixa com as exigências dos utentes — e desaparece nos conjuntos que têm, pelo contrário, uma relação variável e complexa. A diversidade dos pormenores acaba por ser fastidiosa porque não solicita significativas variações de experiências concretas; a uniformidade dos conjuntos provoca, pelo contrário, o nivelamento da variedade de usos e de aspirações e deriva sobretudo da pressão de factores externos: a valorização dos terrenos de construção privados e as normas regulamentares que estabelecem os limites dessa valorização. As duas forças agem em sentido contrário e acabam por imobilizar os modelos dos agregados de conjunto. A combinação daí resultante — que poderíamos definir como de «tumulto nos pormenores, uniformidade no conjunto» — impede uma relação equilibrada entre a população e o ambiente construído, e a perda de beleza é o sintoma imediato dessa dificuldade: aquilo de que nos apercebemos à primeira vista é uma mistura bem evidente e insuportável de constrangimento e de tédio, que se confirma na frequência e na utilização.

A beleza expulsa do ambiente de vida quotidiano transforma-se assim numa experiência excepcional, que tem de ser procurada em certos objectos especiais — as «obras de arte» — subtraídos ao circuito de utilização e guardados em lugares apropriados — as «galerias», os «museus» — como compensação da fealdade e da desolação do resto do dia.

Mas esta é uma compensação insuficiente, porque é preciso ir visitá-la de propósito, com uma intenção reflectida que perturba e restringe à partida a relação de comunicação. Os utensílios, os edifícios, os bairros nascidos numa situação histórica anterior e ainda utilizados como dantes, ou de uma maneira não muito diferente, interessam-nos, pelo contrário, muito mais, porque as ocasiões de percepção, de contemplação e de reflexão são as mais variadas e completas. Os valores formais vêm em diversos momentos ao nosso encontro, encontram-nos preparados ou apanham-nos de improviso, de propósito e de surpresa, entrelaçados com os acontecimentos e os pensamentos da vida quotidiana e, portanto, com uma riqueza de estímulos bem maior. A evidência que nos oferecem ensina-nos que a beleza não é um valor em si, que se procura de propósito.

Para conseguir um ambiente belo é preciso reconhecer o significado complexo e unitário dos artefactos que formam o cenário da vida humana e propormo-nos melhorá-lo globalmente. É preciso tomar à letra a promessa de Mondrian: «a arte desaparecerá da vida à medida que a vida ganhar equilíbrio». Hoje, que a arquitectura moderna é novamente interpretada como um estilo entre outros, é preciso, pelo contrário, reconhecer no «funcionalismo» de há cinquenta anos a tentativa (parcial e controversa) de reivindicar a integridade da experiência do ambiente, onde os valores de utilização e os valores de contemplação têm de voltar a coincidir como no passado.

Mies van der Rohe chegou a citar uma frase atribuída a Santo Agostinho: «o belo é o esplendor da. verdade». As pessoas comuns pensam do mesmo modo e não estão de modo nenhum interessadas na distinção entre belo e útil: procuram uns *bons* sapatos, uma *boa* casa, um *bom* bairro, em que «bom» significa simultaneamente cómodo, bem construído, agradável à vista e com um preço razoável. (Mies dizia: «Não quero ser interessante, quer ser bom»). Nos países de tradição não europeia, como o Japão, não existem mesmo palavras para indicar a beleza e a utilidade como entidades separadas.

O programa da arquitectura moderna quer reformular — com os meios do nosso tempo — esta aspiração difundida no tempo e no espaço. Esse programa já não é uma fórmula ideológica como nos primeiros decénios do nosso século, mas uma realidade verificada (para bem e para mal) pela experiência de cinquenta anos, e pode ser descrito em termos históricos como qualquer outro facto do passado recente.

Para fazê-lo bastará colocar o discurso num quadro cronológico apropriado. A revolução industrial transforma os métodos projectuais e de execução dos artefactos, enquanto que os modelos formais estão ainda ligados aos prototipos anteriores;

interrompe, portanto, a secular coerência entre as formas, os processos e os usos, quer pelos elementos, quer pelos conjuntos.

Os novos artefactos acumulam-se sem uma norma interna (devida às «regras de arte») e sem uma norma externa (devido aos velhos sistemas de controlo público que são simultaneamente desvalorizados e abolidos); daí nasce um conflito que é visível primeiro nos espaços restritos dos aglomerados urbanos — Manchester descrita por Engels em 1845 — e depois em todo o território. É portanto preciso uma nova proposta de controlo público, criada nos vinte anos compreendidos entre 1850 e 1870 pelos regimes conservadores, de modo a corrigir substancialmente, neste campo, a orientação do laissez faire liberal.

Esta proposta (neoconservadora ou pós-liberal) consiste num pacto entre propriedade fundiária e burocracia pública, que repartem entre si o solo da cidade, deixando aos proprietários a renda das despesas a fundo perdido das administrações.

Os modelos de conjunto continuam a ser determinados pela relação entre os dois poderes e subtraídos à responsabilidade dos técnicos. Estes recebem em troca uma «liberdade» ilimitada na escolha das formas elementares; as alternativas dos modelos históricos, extraídos dos vários períodos do passado, estabilizam-se num repertório global, onde se pode escolher como se quer (o eclectismo); mais tarde, depois de 1890, esses modelos são contestados, mas todos os novos estilos são atraídos para a mesma combinação organizativa (que salvaguarda a combinação dos interesses principais) e aplicam-se substancialmente apenas nos acabamentos dos edifícios. O ensino, as normas oficiais e a empresa de produção dependem desta organização e contribuem para perpetuá-la.

Deste facto deriva, pela primeira vez na História, a inversão da relação entre os elementos e os conjuntos; o ambiente urbano passa a ser incompreensível na sua realidade global e os seus aspectos específicos — a economia, o carácter funcional, a beleza — são tratados separadamente, com instrumentos disciplinares e métodos operativos diversos; na prática, como sabemos, transformam-se em metas incompatíveis, cada uma das quais é desenvolvida com prejuízo das outras.

A pesquisa arquitectónica moderna — que começa entre o segundo e o terceiro decénios do nosso século — critica prcisamente a combinação global e propõe um novo método de gestão urbana que engloba (simplificando) duas inovações complementares: um novo pacto entre a administração e os executores baseado no controlo público simultâneo das áreas de construção (a administração adquire-as às entidades precedentes, urbaniza-as e cede-as às novas entidades, recuperando o dinheiro gasto; evitámos de propósito a referência à propriedade, porque esta transição organizativa diz igualmente respeito aos países «capitalistas» e «socialistas»); uma nova abordagem, livre e científica, ao planeamento, sem os vínculos que derivam do pacto anterior.

O balanço do confronto entre o sistema tradicional e o sistema novo, cinquenta anos depois, é, naturalmente, diferente nos vários países.

A metodologia moderna tem um valor internacional, mas nasceu na Europa e encontrou a sua aplicação mais coerente nos países da Europa Central e Setentrional, onde a urbanização pública tem uma longa tradição: na Inglaterra, na Holanda, na Alemanha, nos países escandinavos. Interessa aqui recordar os locais onde uma aplicação bastante completa transformou a imagem da cidade e produziu — com novos métodos — uma beleza urbana comparável à antiga: entre as grandes cidades, talvez só em Amesterdão; entre os programas de novas cidades, no inglês, aperfeiçoado durante trinta e cinco anos; entre as realidades territoriais, no sistema de parques e de áreas protegidas inglês e alemão.

A beleza de Amesterdão é muito semelhante à das cidades antigas: existe um traçado geral, livremente inventado num terreno completamente disponível; existe um minucioso sistema de controlo que torna homogéneos os projectos dos vários edifícios; o planeamento público corrige as dificuldades de espaço e de tempo do moderno sistema de produção: comprime num projecto unitário as opções urbanísticas que, no passado, eram escalonadas em diversas fases; supre, com normas e aprovações, as regras consensuais sobre as tipologias dos *elementos* e dos *conjuntos;* as diferenças arbitrárias não são eliminadas, mas abrandadas e razoavelmente diminuídas. De facto, a periferia oeste — projectada no plano de 1934 e executada nos trinta anos seguintes — aguenta bem o confronto com o centro histórico (o núcleo medieval e a rede de canais semicirculares desenhada no plano de 1611 e executada nos cem anos seguintes).

Nos Estados Unidos da América, o sistema de urbanização setecentista — baseado numa grelha válida desde a escala geográfica até à escala de construção e num processo totalmente tradicional — tem ainda margens enormes de adaptação às exigências modernas: no território, coexiste com um ambiente

Fig. 10: Nova Iorque. Vista axonométrica da parte meridional de Manhattan feita em 1980.

natural ainda quase intacto e transbordante; nas cidades, produz uma paisagem desintegrada mas orientada, que adquire uma surpreendente vitalidade nos pontos em que sofreu transformações mais consideráveis (basta recordar as áreas centrais de Nova Iorque e de Chicago, com os arranha-céus modernos desenvolvidos na terceira dimensão, partindo das duas primeiras, estabelecidas na primeira metade do século XIX; fig. 10).

Neste caso, um desenho urbano regular extremamente simples sustém e torna aceitável o tumulto dos pormenores e dos conjuntos de construção; mas quando diminui a densidade, desaparece o efeito orientador da grelha planimétrica e fica apenas a desordem dos artefactos erguidos em altura.

Nos países em que a industrialização começou com atraso, as transformações institucionais e culturais produzem combinações diversas. A Itália e o Japão receberam, no sétimo e oitavo decénios do século XIX, instituições políticas novas que encorporam rigidamente as regras pós-liberais de gestão urbana idealizadas no mesmo período e que oferecem hoje uma resistência especial à difusão dos métodos modernos; Roma e Tóquio têm também em comum uma aplicação inferior da urbanística pós-liberal, que tem lugar, não na fase criativa de 1850-1870 (como em Paris, em Viena, em Bruxelas), mas na fase de decadência de 1870-1890, o que implicou portanto um enfraquecimento da parte pública e uma perda de coerência.

Por fim, ambos os países ficaram alheios à experiência moderna entre as duas guerras e não chegaram a tempo de orientar segundo os novos métodos a grande vaga da reconstrução e do desenvolvimento da construção no pós-guerra, mas cultivaram a arquitectura moderna como um processo excepcional para produzir brilhantes excepções num contexto tradicional.

Assim, as cidades — onde uma textura desordenada serve de suporte a uma paisagem arquitectónica igualmente desordenada — continuarão a ser ilegíveis e inóspitas até os edifícios recentes estarem novamente em condições de modificação. Nelas ressaltam os centros históricos como dramáticos testemunhos de uma beleza urbana perdida; os monumentos e as obras modernas como imagens isoladas de beleza, que acabam por não formar, nem uma colagem, como em Manhattan, nem um organismo contínuo, como na Piazza Navona.

Nos países da Europa de Leste existe uma planificação pública do território mas com um grau de organização demasiado baixo e inadequado à complexidade das exigências actuais: uniformidade sem tumulto, que não tem condições para ser coerente em grande escala nem para evitar as rupturas parciais em pequena escala.

Por fim, nos países do Terceiro Mundo, as regras de planificação — incluindo a arquitectura e a urbanística — são privilégios reservados a uma minoria dominante, ao passo que o resto das pessoas moram e trabalham em aglomerados «irregulares», admitidos e consolidados. Os° centros de comércio e alguns bairros têm uma aparência semelhante aos do resto do mundo, mas são apenas uma parte da cidade; junto a eles forma-se e expande-se a arte abusiva *(ranchos, barriedas, pueblos jovens, squatters, gourbivilles, favelas, ishish)* que, nos melhores casos, reproduz alguns modelos tradicionais colocados à margem da lei e, nos piores, é um mosaico dos sobejos da cidade regular: tumulto sem regra e sem significado.

Em conclusão: a metodologia proposta há cinquenta anos continua a ser inadaptável ao mundo de hoje e poderia mesmo ser definitivamente superada pela acumulação mais rápida dos conflitos e das necessidades. A gestão das grandes cidades com mais de dez milhões de habitantes, elas próprias produto da gestão tradicional e em fase crescente quase só nos países atrasados, parece impossível de ser melhorada.

A cultura arquitectónica especializada — a que se manifesta nas revistas, nos congressos, nos meios de comunicação de massas — está a voltar às velhas posições e está pronta a classificar a arquitectura moderna como um penúltimo estilo antiquado de uma qualquer última novidade.

A tese comum a todos os defensores do «moderno» e do «pós-moderno» é o regresso à tradicional divisão de responsabilidades que impossibilita a solução do nosso problema. Logo, esta política não nos ajuda.

Voltemos a decompor o problema nos seus dados reais, tentanto passar dos juízos sobre o passado às propostas de futuro. Que medidas devemos tomar para promover a formação da beleza urbana?

Esta é a parte mais difícil do nosso discurso porque, às incertezas da interpretação do passado, vêm juntar-se as incertezas da valorização das oportunidades do futuro. O diagnóstico é bastante claro, a terapia deriva logicamente desse diagnóstico e é ajustada à medida que vai sendo necessário, o prognóstico é incerto e arriscado.

Para promover a formação da beleza urbana são necessárias, por ordem cronológica, estas coisas:

1) *Desenvolver o sistema da urbanização pública, de modo a tornó-lo preponderante em relação ao sistema tradicional da urbanização privada.*

Esta exigência — associada ao destino da arquitectura moderna desde o tempo da declaração de Sarraz (1928) e confirmada pela experiência dos cinquenta anos seguintes — é ainda ignorada na maior parte das cidades contemporâneas e especialmente em Roma e Tóquio.

Não se trata de alterar o equilíbrio entre interesses públicos e privados, mas de colocá-los de modo diferente, no tempo e não no espaço. Os terrenos para construção devem ser públicos no momento de formação da nova textura urbana e podem continuar a ser privados antes e depois. A administração intervém na passagem definitiva para expulsar o rendimento fundiário como causa de deformação do novo ambiente urbano. A urbanização política surgiu historicamente como correcção minoritária do sistema pós-liberal, para fornecer áreas de construção pública e, em Roma como em Tóquio, não foi além desta fase.

Em Roma, a correcção não serviu nem sequer para sanar os desequilíbrios do mercado de construção tradicional e provocou, nos últimos trinta anos, a aparição de um mercado abusivo, onde todas as regras urbanísticas — tradicionais e novas — são arrasadas. A Roma de hoje é portanto assim constituída:

a) o centro histórico (cerca de 80 000 fogos);

b) a periferia regular, moldada pelo impulso da especulação e das barreiras dos regulamentos (cerca de dois milhões e meio de fogos). Nela estão incluídos os núcleos de construção pública que repetem mais ou menos as mesmas formas e não se apresentam como uma alternativa à cidade tradicional, estando ligadas a um só empresário e a um único processo de adjudicação;

c) a periferia abusiva, legalizada em época recente ou longínqua, mas caracterizada de modo irreversível pela desordem do seu processo de formação (cerca de 950 000 fogos).

O centro histórico — embora maltratado — conserva uma beleza e uma força de cortar a respiração. As duas periferias são feitas de dois modos complementares: a primeira, devido a uma regularidade, a segunda devido a uma irregularidade igualmente sem significado. A clivagem entre as duas cidades demonstra que nos chamados países «avançados» pode produzir-se uma marginalização de ambiente que não depende de uma marginalização económica ou social, mas que é causada por mecanismos «culturais» e, portanto, se pode remediar com uma reforma limitada.

A proposta de desenvolver em larga escala a urbanização pública foi apresentada como insistência nos últimos tempos e sempre se malogrou. O ponto decisivo é o destino das áreas adquiridas e equipadas pela administração: para todos os empresários públicos e privados e não só para as agências de construção pública.

Em 1977 os representantes dos empresários abusivos propuseram-se restituir todos os terrenos ocupados e ainda não construídos, desde que o município fornecesse em troca áreas públicas equipadas; mas a administração (de esquerda) não aceitou, e o desenvolvimento abusivo continua. Paralelamente continua também a expansão das construções públicas, proibitiva pelos custos e indesejável pela segregação social que produz.

O obstáculo a superar é político e não económico. A urbanização pública é uma operação equilibrada, já experimentada em outros países europeus e também em algumas cidades italianas de tamanho médio (Modena, Brescia); é preciso um empréstimo bancário nos primeiros três-quatro anos e depois não custa mais nada. Mas diz respeito a todos os interesses e às instituições tradicionais, na razão dos seus vínculos com a compra e venda dos terrenos. Só uma administração sólida e corajosa pode lançar-se nessa aventura: a de Roma não o é.

2) Desfrutar das oportunidades oferecidas pela urbanização pública através de uma projecção e de uma produção de construção tecnicamente actualizadas e adequadas às necessidades das pessoas.

A urbanização pública não é suficiente para criar um novo ambiente melhor; é só uma premissa que é preciso fazer frutificar através de oportunas alterações nos métodos de estudo e de execução.

A indústria de construção só é uma verdadeira indústria quando se associa ao comércio dos terrenos e a margem de lucro desta actividade é muito superior ao lucro empresarial na construção dos artefactos. A qualidade intrínseca dos artefactos não conta. Além disso, as margens globais da operação tornam admissível um notável desperdício. Por isso aqueles que fazem os projectos de construção têm um tratamento particular: não se lhes pede que examinem com severidade as opções tecnológicas para aumentar os rendimentos e reduzir os custos, como acontece em outras áreas; têm, pelo contrário, uma margem notável de liberdade no campo artificial e restrito a que se costuma chamar «estético» e que não choca com as importantes opções necessárias para avaliar o valor dos terrenos.

Por sua vez, a educação profissional dos executores dos projectos e a educação de base dos leigos é organizada de modo a apresentar os diversos valores — a técnica, a economia, a beleza — em compartimentos separados e estanques.

Em redor da combinação originária entre propriedade fundiária e burocracia pública, forma-se portanto uma combinação mais vasta, de que fazem também parte os construtores, os arquitectos e os clientes. Todos juntos contribuem para perpetuar as características negativas da paisagem urbana — tumulto nos pormenores, monotonia no conjunto — que dão origem à fealdade das nossas cidades.

O desenvolvimento da urbanização pública deveria desfazer pouco a pouco os laços desta solidariedade e criar as condições para uma indústria de construção avançada, uma projecção rigorosa, uma utilização consciente e um ensino adequado a estas várias exigências. Por outro lado, não se pode esperar que estes efeitos cheguem por si como resultado de uma nova combinação industrial. É preciso a partir de agora tentar modificar os métodos industriais, os métodos de projectar e os métodos de ensino, mesmo nos casos isolados, porque só a consciência geral das vantagens da nova combinação pode superar as resistências e promover as necessárias alterações técnicas e administrativas.

No campo da arquitectura é lícito pensar que o tumulto nos pormenores próprio da construção corrente desaparecerá pouco a pouco, quando estes forem seleccionados por uma pesquisa exigente e repetida, como acontece com os artefactos industriais. Mas é possível antecipar demonstrativamente este processo para pôr em evidência o seu efeito complementar, isto é, a infinita liberdade das combinações de conjunto: foi o que fez Mies van der Rohe na última fase da sua vida, seguindo obstinadamente o seu lema enigmático «less is more». Pondo rigorosamente de lado o «mais», onde se instalam as escolhas supérfluas, chega-se às formas elementares, onde já não há maneira de distinguir o rigor tecnológico, a correcção funcional, o esplendor formal, e se abre a pesquisa dos verdadeiros enriquecimentos nas modalidades de agregação.

Só um talento excepcional podia conceber e pôr em prática

esta operação, resistindo a todas as adulações e às pressões contrárias: mas assim, acabou por desvincular o resultado da presença do talento excepcional e por colocá-lo, de certo modo, ao alcance de todos. De facto, os últimos grupos de edifícios de Mies van der Rohe — os complexos de Chicago, de Toronto, de Montreal, de Detroit — são a prova mais pertinente daquilo que poderia ser a nova beleza urbana própria da nossa época industrial. Abolindo a arbitrariedade dos pormenores, destacam-se completamente da paisagem urbana habitual e realizam nos espaços do Middle West americano a arquitectura sonhada por Baudelaire cem anos antes («l'enivrante monotonie — du métal, du marbre, de l'eau») como compensação da desolação da sua casa e do seu bairro parisiense. Ao mesmo tempo, aceitam o princípio de agregação dos *downtowns* onde são colocados — a aproximação livre de formas diversas — e submetem-no à disciplina da pesquisa formal moderna, que conhecemos de forma emblemática na pintura de Mondrian, de Klee, de Kandinsky. Elevam assim o resultado ao nível das melhores composições antigas, baseadas na simetria e nas relações perspécticas; corrigem o tumulto sem o aprisionar em esquemas preconcebidos, mas apenas seleccionando rigorosamente as suas infinitas variantes. Os arranha-céus heterogéneos de Toronto, observados do Dominion Center, adquirem coordenação e dignidade, como se fossem atraídos para uma ordem geral e irresistível. Precisamente ao contrário, as infinitas e tediosas composições pós-modernas desenhadas nestes últimos anos tentam fechar a porta à desordem e ressuscitar num qualquer ângulo secundário as cerimónias tradicionais do desenho académico, impensável para o conjunto da cidade.

A beleza é um tema crucial que pode, a longo prazo, revelar-se como decisivo. No sistema tradicional é apresentada como uma exigência especializada, que se revela, na prática, secundária: uma coisa relegada para o tempo livre, para a esfera do entretenimento, respeitada nas palavras e espezinhada nos actos.

Essa beleza tem de voltar a ser colocada na esfera da vida quotidiana como medida intuitiva e global da qualidade do ambiente em que vivemos. Se a civilização afluente, aumentando a importância e a variedade dos bens, estraga a beleza do ambiente, todo o «desenvolvimento» actual se revelará viciado e contraprodutivo. Não se remedeia nada criticando este desenvolvimento do exterior e actuando num espaço protegido, independente dos factos económicos e tecnológicos; é precisamente isso que é oferecido aos artistas pelas forças dominantes, com insistência tão esmagadora (a fama, as compensações desmedidas) que revela o calculismo subjacente. É preciso, pelo contrário, reconhecer as possibilidades libertadoras da tecnologia moderna e desenvolvê-las suficientemente para incluir no equipamento do ambiente as exigências hoje cultivadas pela «arte» de forma emblemática e provisória.

O objectivo continua a ser o que definia Mondrian em 1922: «A beleza realizada na vida: isto tem que ser mais ou menos possível no futuro».

A CONSERVAÇÃO
DA CIDADE ANTIGA

Na maior parte das cidades europeias conservam-se, no centro do aglomerado actual, alguns edifícios antigos que rodeiam algumas praças e ruas tradicionais. As outras ruas foram alargadas, rectificadas ou substituídas por ruas e bairros modernos; as igrejas, os palácios e as casas antigas estão misturadas com edifícios recentes e heterogéneos e sobrevivem num quadro completamente diferente do tradicional.

Nestes casos o organismo da cidade antiga, medieval, renascentista ou barroca, deixou de existir; restam apenas algumas construções e alguns ambientes isolados, num novo organismo substancialmente contínuo, do centro à periferia. Estas construções episódicas ocupam muitas vezes um lugar de honra; os monumentos servem de pano de fundo às ruas modernas, as torres das igrejas dominam ainda o perfil da cidade, competindo com os arranha-céus; a construção moderna que as rodeia conserva os incómodos e os acabamentos tradicionais para «estar no tom», como se diz, dado pela presença das construções antigas; os monumentos mais importantes são restaurados e mantidos como novos, mesmo a custo de enormes despesas.

Tudo isto não faz senão acentuar o contraste entre a cidade antiga desaparecida e a cidade recente construída em seu lugar, onde os lotes privados são continuamente utilizados e re-utilizados, de acordo com as exigências da renda fundiária, nos limites impostos pela rede das portarias e dos regulamentos públicos. Este modelo urbano — que se forma por meados do século XIX, através de um acordo entre administração e propriedade imobiliária, e a que nos propusemos chamar «cidade pós-liberal» — é incompatível com o organismo da cidade precedente e conduz, de facto, à sua destruição, assimilando as ruas antigas à «rue-corridor» moderna e interpretando os edifícios antigos como unidades imobiliárias independentes e intercambiáveis; ao mesmo tempo, pede de empréstimo à cidade antiga o prestígio formal, cuja falta sente, e por isso não leva até ao fim a sua destruição: selecciona alguns edifícios mais ilustres, que conserva·numa espécie de museu ao ar livre, tal como as estátuas e os quadros retirados das igrejas e dos palácios e colocados, de modo semelhante, em museus fechados. Os monumentos e os ambientes característicos têm de coexistir com as estruturas e as instalações da cidade contemporânea, porque o interesse formal tem um lugar circunscrito entre os interesses heterogéneos da cidade burguesa: os monumentos e as obras de arte têm as qualidades que faltam ao ambiente comum e permitem saborear — como pausa e recreio salutar — a harmonia que se perdeu no resto da cidade e da vida quotidiana.

A conservação destes artefactos isolados levanta por isso um problema específico, cultural ou «estético», como é costume dizer-se. É preciso valorizar o interesse especializado pelo testemunho histórico e pela forma artística, juntamente com — e muitas vezes contra — os interesses económicos e produtivos que, na cidade contemporânea, se tornaram independentes dos primeiros. Todos sabemos quanto é difícil este confronto: qual é o equivalente económico de uma imagem ou de uma recordação? Até que ponto se pode sacrificar a funcionalidade ou o rendimento do ambiente contemporâneo para conservar uma parte do ambiente herdado da história do passado? Os estudiosos futuros poderão avaliar o preço que a nossa época atribui a estes interesses depois de terem sido isolados e contrapostos aos outros aspectos da vida actual.

Ao aprofundar este problema chega-se a julgar a cidade contemporânea no seu conjunto, isto é, o modelo pós-liberal que prevalece ainda em grande escala. Se este modelo é rejeitado (uma das maneiras para disso nos apercebermos é precisamente o inadmissível contraste entre beleza e utilidade, entre obras de arte e ambiente), passa a ser importante considerar os casos em que a transformação da cidade antiga foi detida por qualquer razão e permitiu que subsistisse a textura antiga a ponto de configurar ainda um organismo unitário.

Isto acontece sobretudo com as áreas intensamente povoadas da Europa medieval: a Itália central, o vale do Pó, o território entre o Loire e o Reno estudado por Ganshof em 1943. A civilização medieval não deu origem a grandes metrópoles comparáveis à Roma antiga ou às capitais árabes contemporâneas: Bagdad, Córdoba, Palermo, mas a um grande número de cidades médias, com uma superfície compreendida entre 300 e 600 hectares e uma população entre 50 000 e 150 000 habitantes. Algumas dessas cidades — Paris, Bruxelas, Milão, Colónia — cresceram desmedidamente na época moderna e o organismo medieval foi quase completamente destruído, embora algumas das suas características estruturais continuem a influenciar com surpreendente eficácia o corpo bem maior da cidade contemporânea: basta pensar na distinção entre a *cité*, a *ville* e a *université* na estrutura de Paris. Muitas outras cidades — Veneza, Verona, Bolonha, Florença, Pisa, Siena, mas também Gand, Bruges, Lovaina, Aix-la-Chapelle, Lübeck — foram, pelo contrário, poupadas pelas linhas mestras dos desenvolvimentos seguintes e só parcialmente foram transformadas. O centro histórico destas cidades é um organismo unitário e bem distinto da coroa dos bairros periféricos; a rede de estradas e de canais corresponde ainda em parte à antiga, isto é, forma um sistema coerente, em que despontam as novas artérias modernas como episódios parciais; os limites do agregado estão ainda marcados por muralhas e por fossos, ou então pelas avenidas e espaços verdes que os substituiram; as casas antigas formam ainda a maior parte da textura de construção actual, de tal forma que as casas modernas se distinguem como excepções mais ou menos evidentes (figs. 11-12). Neste quadro físico habita e trabalha uma população com uma relação entre a vida e ambiente ainda comparável àquela que era típica da cidade antiga e com uma história que se liga sem descontinuidade aos acontecimentos do passado; as profissões, os hábitos, as recordações familiares e sociais têm muitas vezes origem no passado remoto e são testemunhos vivos da vida de uma certa época, não menos preciosos do que as pedras, as pinturas e os livros.

A conservação destes organismos — que incluem o corpo físico e o corpo social unidos entre si — levanta um problema bastante diferente do anterior, não só no que se refere aos métodos, mas também às motivações e aos objectivos. De facto, não interessam como ornamentos secundários da cidade contemporânea, mas como exemplos de um ambiente heterogéneo, mais antigo por origem e simultaneamente mais moderno por

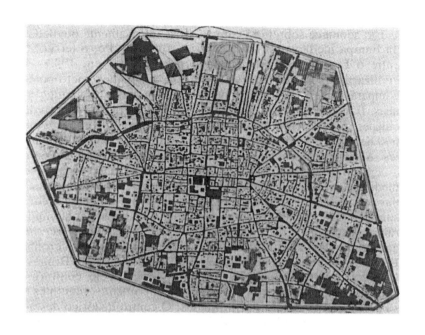

Fig. 11-12: Bolonha. O organismo citadino no princípio do século XIX e o centro histórico actual, onde os edifícios antigos protegidos (a negro) formam ainda um sistema unitário.

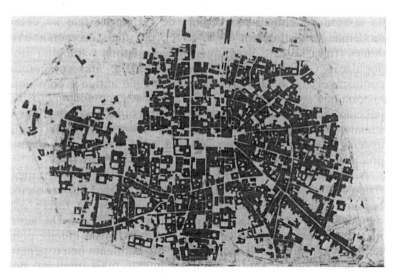

vocação e virtualidade de desenvolvimento. Hoje, de facto, contrapõe-se à cidade pós-liberal um modelo diferente, a que convém atribuir o nome de «cidade moderna». Os bairros e as cidades novas — desenhados e urbanizados directamente pela administração pública — podem transformar-se em antecipações do modelo alternativo, mas também continuar integrados no modelo precedente como excepções isoladas e não relevantes; a comparação (mais favorável em alguns países e menos favorável noutros) está longe, no seu conjunto, de ser decidida. A tentativa de conservar os centros históricos enquadra-se nesta alternativa e põe em evidência o seu carácter global, que diz respeito a todo o ambiente construído. De facto, os centros históricos ainda habitados transformam-se na prova concreta de que o modelo pós-liberal não é inevitável; ontem foi possível construir um ambiente diferente e no entanto funcional; amanhã será possível construir um novo ambiente que respeite os mesmos valores essenciais, de que os aglomerados antigos fazem já parte idealmente. Logo, não nos interessam por serem belos ou por serem históricos, mas porque apontam para uma possível transformação futura de toda a cidade em que vivemos.

A convivência entre centro histórico e periferia não é fácil em nenhum dos casos até agora enumerados. Os espaços livres da cidade antiga foram preenchidos; as ruas foram invadidas por um tráfico incompatível pela sua intensidade e características técnicas, ou então têm de ser defendidas através da proibição de circulação de veículos; as zonas limítrofes não confinam com o campo mas com as massas compactas dos bairros periféricos do século XIX e do princípio do século XX; um grande número de casas antigas foi transformado em escritórios e armazéns comerciais, conservando a custo o seu aspecto exterior. Todas estas modificações reprimem e degradam a coerência formal e funcional da cidade antiga e são consequência da incompatibilidade estrutural entre os dois organismos. Mas a surpreendente resistência da estrutura histórica a estas transformações demonstra que o mecanismo pós-liberal pode ser contrastado e detido.

A intervenção pública pode individualizar e reforçar a coerência do organismo antigo, entendido no seu significado mais amplo (cenário físico, população e actividade); corrigir as suas carências actuais — físicas, demográficas, funcionais e produtivas — utilizando o modelo tradicional como termo de comparação e de estímulo; compensar e, possivelmente, subverter a actual debilidade estrutural do organismo antigo em relação ao organismo moderno que o engloba. Hoje reestrutura-se o centro histórico partindo da periferia; amanhã poderemos talvez reestruturar a periferia partindo do centro histórico; o que está em jogo, de facto, não é a organização de uma zona especial e privilegiada na cidade, mas uma forma de conceber toda a cidade futura, de modo a que possa verdadeiramente ser chamada «cidade moderna».

Nesta perspectiva, o problema da conservação do centro histórico passa a ser principalmente um problema social, porque o objectivo a salvaguardar é uma qualidade de vida, não uma forma que se admira. Essa qualidade pode ser definida de modo científico — pelos métodos de pesquisa social — e já não depende de subtis raciocínios sobre o valor histórico e artístico que, pela sua margem de incerteza, acaba sempre por se perder quando é confrontado com os raciocínios económicos. Os técnicos e os estudiosos têm por missão formulá-la com clareza e os cidadãos podem transformá-la num objectivo político, aceitando-a e defendendo-a como alternativa de vida.

Em Itália, os centros históricos sobreviventes são particularmente numerosos e importantes. A protecção urbanística ainda está longe de ser adequada, mas a persuasão geral de que se deve mantê-los intactos funcionou, em grande medida, na gestão concreta. Assim, no momento actual, muitos desses centros estão praticamente integrais e as destruições previstas pelos planos reguladores tradicionais (até aos anos 50) foram, em grande parte, letra morta.

Hoje faz-se uma séria tentativa para inventar uma nova disciplina urbanística orientada no sentido que já explicámos. Esta disciplina foi elaborada, nos últimos cinco anos, simultaneamente em várias cidades da zona setentrional e central — Bérgamo, Bréscia, Como, Pavia, Savona, Verona, Vicenza, Bolonha, Ferrara, Modena, Siena — com métodos distintos, mas com resultados em grande parte convergentes. Tentemos resumir em diversos pontos esses resultados, que se oferecem agora ao exame do debate internacional.

a) o objecto a conservar, no quadro da cidade contemporânea, é um organismo unitário e qualitativamente diferente, isto é, a cidade pré-industrial. Esta cidade é caracterizada em primeiro lugar por uma relação estável entre população e cenário físico: as diversas classes sociais encontram na cidade as suas sedes hierarquicamente diferenciadas, mas igualmente inseridas na estrutura urbana e portanto integradas num quadro único e duradouro. Hoje, pelo contrário, grande parte da população perdeu o direito originário de sentir-se em sua casa em qualquer parte da cidade; esse direito é suplantado por uma combinação de interesses, que expulsa continuamente os habitantes dos bairros já consolidados e alimenta artificialmente a procura de novas construções fora e dentro da zona urbanizada, incrementando a renda absoluta (que deriva da expansão) e a renda diferencial (que deriva da transformação das zonas já construídas).

A destruição contínua do núcleo central e o crescimento também contínuo da periferia são as duas componentes, interligadas, deste processo. A divergência dos dados anuais sobre o aumento dos habitantes, sobre o aumento dos fogos e sobre o aumento das áreas valorizadas pela construção, exprime a deformação patológica do desenvolvimento em curso que, a longo prazo, pode conduzir — e já conduz no Terceiro Mundo — à desagregação do organismo urbano.

A intenção de conservar o centro antigo faz parte de um projecto de desenvolvimento alternativo ao precedente e tem como complemento necessário a limitação do crescimento periférico. O centro é conservado, não por ser uma zona mais valorizada, mas porque a partir daí se pode começar a estabilizar a relação entre população e ambiente, partindo de uma estrutura física e social já organizada em relação a este objectivo. A estabilização não exclui, naturalmente, movimentos posteriores devidos a opções livres: quer eliminar o movimento forçado, que hoje ultrapassa e iguala as opções dos indivíduos e dos grupos.

Este conceito alargado de conservação foi largamente discutido num dos congressos preparatórios do ano europeu dos centros históricos (Bolonha, Outubro de 1974) e resumido na declaração final. Mas se o objectivo parece esclarecido, os meios para o alcançar são ainda controversos. É preciso, com efeito, sensibilizar a intervenção pública para a organização das zonas já construídas, em vez de a orientar para a formação de novas zonas; as leis e processos tradicionais idealizados para as periferias não podem ser aplicados, tal como são, aos centros históricos e, em sua substituição, surgem outros instrumentos que têm de ser ainda aperfeiçoados e conferidos com a experiência.

b) o organismo da cidade pré-industrial é caracterizado em segundo lugar por uma relação estável entre edifícios e terrenos; os edifícios não são intercambiáveis, mas cada um deles é feito para ocupar a longo prazo — indefinidamente, na prática — um lugar da cidade. Por isso são ineficazes nos centros históricos ou

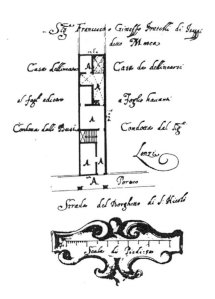

Figs. 13-14. Bolonha. Um dos tipos de construção do centro histórico, reconhecidos nos documentos históricos e definido nos trabalhos de elaboração do plano de conservação moderno.

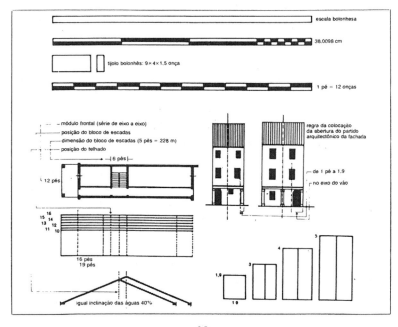

habituais instrumentos do planeamento urbano, criados para controlar as características quantitativas de uma textura destinada a ser continuamente construída e reconstruída: a zonificação e o regulamento de construções.

O organismo do centro histórico é um conjunto de artefactos — edifícios e espaços livres — cujo levantamento tem de ser feito e regulamentado à escala arquitectónica. Para reintegrar os infinitos casos particulares de cada um dos edifícios em categorias menos numerosas, é preciso reuni-los em grupos tipológicos, isto é, reconstruir os modelos de projecção que serviram na devida altura para realizá-los e que hoje servem para estabelecer os modos possíveis de conservá-los e transformá-los (figs. 13-14).

Só em relação às tipologias é possível formular normas precisas e eficazes para o restauro dos edifícios. De facto, as normas gerais, aplicáveis ao conjunto de uma cidade antiga, têm de referir-se a conceitos abstractos como a «integridade», a «autenticidade», o «carácter», ou então a conceitos vagos e subjectivos como o «valor artístico», a «importância histórica», etc.; por isso essas normas continuam a ser imprecisas e não vinculadoras em cada um dos casos. As normas que se referem a um modelo tipológico passam, pelo contrário, a ser concretas e podem agrupar de modo preciso as coisas inalteráveis (estruturas, acabamentos, materiais), as coisas alteráveis e as coisas novas que se querem introduzir no organismo antigo.

O recurso às tipologias serve também para acabar com a velha discussão sobre a coexistência entre antigo e novo, que durante tanto tempo desviou os estudos teóricos e as experiências práticas. Existem alguns artefactos cuja autenticidade material revela alguns valores não reprodutíveis, isto é, em que o acto de projectar se confunde com o acto de executar, não podendo ser repetido: pinturas, esculturas, mas também trabalhos de construção e estruturas arquitectónicas em que são frequentes e significativas as variações de textura. Nestes casos o artefacto originário não é reproduzível, mas em todos os outros casos, reconhecido o modelo do projecto, a execução pode ser refeita mais ou menos fielmente; assim, podem substituir-se as obras de construção, de carpintaria, os acabamentos e, em casos extremos, reconstruir na sua totalidade edifícios desaparecidos, já que é suficiente repetir mais uma vez um modelo já repetido no passado e conhecido com a suficiente precisão. Esta transgressão das regras tradicionais de restauro é vivamente criticada pelos especialistas, que exigem a preservação autêntica do organismo de construção, mas não do organismo urbano, isto é, que admitem a conservação de alguns edifícios isolados, a demolição e a reconstrução «livre» de todos os outros. De facto, o restauro foi codificado como tratamento excepcional de alguns edifícios notáveis (os «monumentos»), e o verdadeiro objectivo da crítica é a conservação do conjunto da cidade, que se insere — como se disse — numa perspectiva de desenvolvimento alternativa em relação à vigente. Se o conceito de restauro se estende à cidade, os edifícios transformam-se em peças a manter, se existem, ou a substituir, se não existem, para completar a integridade do organismo de conjunto, como os tijolos ou as colunas de um edifício isolado. A integração de edifícios novos na mesma escala dos antigos passa a ser, pelo contrário, inadmissível, e é inútil perguntarmo-nos se deveriam ser «integrados no ambiente» ou «estritamente modernos». Num centro histórico só podem estar os edifícios que formam a sua estrutura original, conservados, restaurados, ou, quando muito, substituídos com uma margem razoável de fidelidade, de acordo com os modelos tipológicos originários.

c) o verdadeiro espaço de manobra, para a adaptação dos centros históricos às exigências da vida contemporânea, está nas zonas já alteradas no interior ou nos limites da estrutura antiga. São as zonas já anteriormente agredidas pelo desenvolvimento pós-liberal e destinadas, segundo este desenvolvimento, a crescer posteriormente, destruindo o resto da textura antiga. Se se quer, pelo contrário, contrastar e inverter este desenvolvimento, devem ser consideradas como lacunas do organismo originário, que é preciso desocupar e recuperar para poder utilizar melhor a textura antiga que as rodeia.

Quando essas lacunas são pequenas e os edifícios que as ocupam podem ser reintegrados nas tipologias conhecidas, é possível preenchê-las e reconstruir artefactos equivalentes, como já se disse no ponto *b*. Mas se são maiores, resta apenas tratá-las como espaços vazios disponíveis, ao serviço de todo o organismo antigo. É possível colocar aí os equipamentos modernos que faltam e que não são inseríveis nos edifícios ou nos espaços livres originários da cidade antiga: sobretudo a organização da terra — zonas verdes, campos desportivos, parques de estacionamento — mas também edifícios especiais heterogéneos em relação aos antigos: hospitais, escolas, etc. Só nestes casos se apresenta com legitimidade a possível inserção de obras arquitectónicas modernas na cidade antiga, justificadas precisamente pela extensão dos espaços vazios em que devem surgir, com o traçado e a liberdade do espaço indispensáveis à arquitectura moderna. A técnica desta recuperação das zonas comprometidas — a que Insolera chamou «substituição urbanística» — é ainda incerta e difícil. Os edifícios recentes que ocupam uma destas zonas são por definição intercambiáveis e serão, de facto, novamente demolidos e reconstruídos no seu devido tempo. A intervenção pública deveria primeiro inserir-se no jogo das amortizações, para sincronizar as transformações e obter a organização unitária da zona; depois, fazer valer o interesse geral em organizá-la como um espaço vazio ao serviço do organismo antigo adjacente, contra os interesses particulares que querem explorá-la por sua conta, isto é, que querem nela construir outros edifícios mais densos e mais custosos, apropriando-se do rendimento de maneira crescente. Para a primeira operação bastam os vínculos urbanísticos normais (a proibição de iniciativas individuais e a obrigação de partilha); para a segunda, pelo contrário, faltam ainda em grande parte os meios financeiros e os instrumentos jurídicos. Nesta situação é preciso, pelo menos, salvar a possibilidade de uma intervenção futura, isto é, evitar qualquer reinvestimento de dinheiro na zona, o que faria recomeçar de novo o ciclo económico dos edifícios isolados no seu conjunto.

Esta inversão de tendência da intervenção moderna — que no passado desventrava os bairros antigos, assimilando-os às zonas já modernizadas e que no futuro deveria desventrar os acréscimos modernos segundo as exigências do organismo antigo — vale como orientação programática geral.

A arquitectura moderna é a pesquisa de uma alternativa — ainda em grande parte contrastada e não natural — ao mecanismo urbano pós-liberal. Enquanto faltarem os pressupostos que o substituam por um novo mecanismo generalizado, o mecanismo actual só pode ser limitado e fechado, não ilusoriamente corrigido. O centro histórico escapa, à partida, ao mecanismo vigente: formou-se num passado mais distante e é muitas vezes o único elemento aceitável dos aglomerados existentes, já pronto a ser inserido na futura cidade moderna. O primeiro passo deste programa é a tutela do centro histórico e a contenção do desenvolvimento periférico; o segundo é voltar a projectar o corpo da periferia, partindo do centro histórico e do ambiente natural como termos fixos da equação projectual. A opção de destruir ou conservar os centros históricos remete, portanto, para uma alternativa mais geral; a confirmação das cidades inabitáveis em que vivemos («estes aglomerados que terão de ser demolidos», diz Le Corbusier no seu último escrito) ou a tentativa de a elas contrapor um novo ambiente de vida mais justo e mais humano.

Segunda Parte

O ARQUITECTO

O QUE É A ARQUITECTURA?

I. Arquitectura e técnica

Na cultura tradicional, a técnica e a arte são duas actividades distintas confiadas a profissionais diferentes, que provêm de escolas diversas. Cada uma das actividades tem um carácter universal e, com efeito, os respectivos modelos escolares — a École Polytechnique e a Académie des Beaux Arts — têm um nome que se refere à pluralidade das especializações deles dependentes: as várias técnicas e as várias artes.

A arquitectura é uma das artes maiores, juntamente com a pintura e a escultura. Mas a técnica da arquitectura — ao contrário da técnica da pintura e da escultura — não é considerada como incorporada na arte e constitui uma especialização reconhecida no mundo da cultura tecnológica. Existem portanto, desde há quase dois séculos, um especialista da projecção artística dos edifícios — o arquitecto — e um especialista da projecção técnica dos edifícios — o engenheiro — que deveriam colaborar entre si, mas que, a maior parte das vezes, fazem um trabalho independente.

Esta anomalia — que os historiadores do século XXI terão dificuldade em entender — explica a razão por que, no campo dos projectos da construção civil, nasceu uma discussão sobre os conceitos de arte e de técnica, que pôs a certa altura em dúvida a distinção entre eles. De facto, estes dois conceitos pretendem ter um valor absoluto e permanente, mas funcionam na realidade dentro de limites restritos, que dependem das circunstâncias mutáveis da organização social.

A *ars* medieval não faz a distinção entre técnica e arte: os seus produtos são considerados melhores ou piores segundo um critério único de acabamento, que precede e justifica objectivamente os critérios subjectivos de utilização e de contemplação da obra; a noção teórica a que se recorre é a perfeição (*perfectio*, de *perficere*). A mesma palavra volta a surgir na análise das noções transcendentais, o *ens*, o *verum*, o *bonum*, o *pulchrum;* o bom distingue-se do ente e o belo do verdadeiro mediante a *ratio perfecti*, isto é, referem-se a um grau elevado de realização ontológica, ao passo que o bom se distingue do verdadeiro e do belo porque o primeiro se refere à vontade e os outros dois ao intelecto. Estas várias noções, no entanto, *in subjecto sunt idem* e são depois identificadas pela razão humana, através das suas diversas operações.

Este tema reconhece dois tipos de diferenças; as primárias e absolutas, entre as coisas realizadas; e as secundárias, relativas, entre os contributos humanos que são necessários para as realizar. Com o primeiro tipo de diferenças, a sociedade medieval construiu as divisões institucionais do trabalho: as corporações que dizem respeito aos produtos e aos serviços prestados. Quanto ao segundo tipo de diferenças, a sociedade não estabelece uma classificação análoga de posições profissionais nas corporações; dá assim azo a um conflito directo entre os grupos sociais e permite que surjam os contrastes irredutíveis entre ricos e pobres.

A organização corporativa funciona, de facto, vantajosamente na fase expansiva da economia medieval, em que o desenvolvimento produtivo proporciona um objectivo comum a todos os grupos empenhados na corporação e em que as corporações combatem em conjunto para arrancar o poder político às hierarquias feudais. Mas a própria organização entra em crise na fase recessiva, a partir de metade do século XIX, em que se tornam proeminentes os contrastes internos entre as classes e os grupos. Parece então necessária uma mediação racional desses contrastes, quer como instrumento para evitar que se transformem em conflitos abertos, quer como expediente para legitimar, depois de estalarem os conflitos, o predomínio dos grupos vencedores. O realismo filosófico tradicional não oferece motivos para essa mediação. O nominalismo que se segue cultiva o estudo das diferenças de razão e de discurso, mas não está em posição de fazê-las sair da esfera abstracta e de apresentá-las como base de uma nova classificação das tarefas reais.

Neste aspecto, a nova cultura humanista subestima a disputa sobre as noções universais e contrapõe-lhe a análise das operações humanas concretas. No nosso campo, ela isola o momento de criação, contrapondo-o à execução. Esta exigência intelectual transforma-se numa proposta organizativa, isto é, contrapõe também os autores e os executores e justifica racionalmente a hierarquia entre uns e outros. Os protagonistas desta mudança não são os arquitectos medievais — isto é, os que projectam e organizam os trabalhos de construção — mas os produtores de peças excepcionais, isto é, os pintores e os escultores. Os arquitectos, com os seus colaboradores, continuam enquadrados na corporação edil (em Florença, na corporação dos mestres de obras em pedra e em madeira); os pintores (que estão originariamente agregados à arte dos médicos porque compram as suas tintas nos boticários) e os escultores (que pertencem, de acordo com a matéria que trabalham, à arte dos ourives ou dos lapidadores) têm, pelo contrário, a possibilidade de se tornarem famosos pela sua arte individual e de se apresentarem como peritos na criação de formas visuais de todo o género, desde as imagens pintadas e esculpidas até às obras de construção e aos planos urbanos. De facto, a criação, uma vez separada da execução, não tem motivo para ser limitada a uma única categoria de objectos, mas estende-se virtualmente a todos. O escultor (capaz de executar formas em três dimensões) e o pintor (capaz de realizar formas em duas dimensões, mas que possui um método exacto para obter a correspondência entre as imagens pintadas e as imagens em relevo) passam a ser o epítome do artista universal, que escolhe no campo das formas visuais — que a perspectiva torna equivalentes — aquelas a que prefere dedicar-se. O arquitecto renascentista não é o sucessor do arquitecto medieval, mas corresponde a uma das especializações do novo personagem, o artista, a partir de agora colocado acima da organização corporativa tradicional.

A nova divisão do trabalho não é paralela à antiga, mas atravessa-a perpendicularmente. Liberta assim as energias individuais reprimidas pela organização tradicional e possibilita uma nova abordagem, unitária e racional, ao mundo das formas visuais, rica em consequências históricas diversas e importantes: a exploração do ambiente geográfico, a projecção geométrica do ambiente urbano, a reflexão geométrica e matemática sobre o universo físico, que antecede o desenvolvimento da ciência moderna.

No século XV este conjunto de consequências é ainda potencial e pode ser englobado como um programa individual, que passou a ser unitário devido, precisamente, à acção do artista: é o que tenta Leonardo da Vinci. Mas logo a seguir vence a necessidade de especialização, isto é, a ciência e a técnica são praticadas com proveito como pesquisas independentes. A antiga matriz comum, a arte, torna-se então rígida para conservar a sua autonomia: valoriza a intuição como contraponto da dedução científica, a espontaneidade como contraponto da necessidade tecnológica. Uma vez estabelecido este dualismo, a pesquisa artística encontra uma nova relação com a pesquisa científica porque realiza a síntese dos valores finalistas e qualitativos expulsos da pesquisa científica e recompensa os seus resultados específicos, mecânicos e quantitativos.

A arquitectura, enredada nesta série de acontecimentos, muda também o seu significado. Até ao início do século XVI, é considerada como uma doutrina geral dos artefactos de construção: de todas as coisas que a pintura e a escultura são capazes de representar, excepto, precisamente, os artefactos pintados e esculpidos em que se concretiza a representação; abarca, pelo contrário, uma vasta gama de objectos utilitários e ornamentais: edifícios, adornos, armas, máquinas. Mas esta identidade resiste só a um grau bastante simples do desenvolvimeto tecnológico; a partir daí, o fabrico das várias categorias de objectos organiza-se por conta própria, na teoria e na prática. No âmbito da arquitectura ficam apenas os artefactos de construção propriamente ditos (e os objectos de decoração considerados como acessórios dos precedentes), que estão sujeitos a alterações tecnológicas menos relevantes, mas conservam uma decisiva importância social porque estabelecem a distribuição pelo território de todos os artefactos humanos e vinculam, através das relações espaciais, muitos aspectos da vida em sociedade. Neles se exerce o duplo controlo da técnica e da arte desdobrada entre si; com o correr do tempo, as duas intervenções tornam-se reciprocamente cada vez mais estranhas, e a partir do fim do século XVIII são mesmo exercitadas por pessoas distintas: o técnico construtor (o engenheiro) e o artista construtor (o arquitecto).

Neste ponto a cultura iluminista age simultaneamente sobre o controlo técnico e sobre o controlo artístico. Acelera o desenvolvimento tecnológico, mudando portanto radicalmente as bases materiais da projecção. Ao mesmo tempo, critica o valor permanente dos modelos formais até aí vigentes (os do classicismo antigo repropostos no Renascimento) e deixa subsistir apenas a possibilidade de uma imitação deliberada, no repertório clássico como de qualquer outro repertório extraído de outros períodos do passado. Destrói assim a adaptação recíproca entre técnica e arte, que funcionara em certa medida nos três séculos precedentes, restringindo, como consequência, ambos os campos de opção. A técnica de construção desenvolve os seus processos de neutralidade em relação às opções estilísticas, mas não pode utilizá-los para determinar as formas dos artefactos, que devem derivar dos estilos arquitectónicos. A arte de construção cultiva uma pluralidade de opções estilísticas, que ficam à superfície dos artefactos e se transformam muitas vezes numa simples decoração intercambiável.

Esta restrição é utilizada, a partir de meados do século XIX, para afastar tanto os arquitectos como os engenheiros das opções mais importantes da gestão do território, que se jogam directamente entre a burocracia pública e a propriedade fundiária.

Quem não fica satisfeito com este resultado levanta novamente o problema da paisagem construída, em toda a sua amplitude e com todos os efeitos que tem sobre a vida das pessoas. Em 1881, Morris dá da arquitectura esta definição surpreendente: «Ela representa o conjunto das modificações e alterações efectuadas na superfície terrestre pelas necessidades humanas; fora dela existe apenas um puro deserto». Como deve ser organizado o controlo dessas modificações para que correspondam verdadeiramente às necessidades humanas? Para já, Morris, no seu tempo não estava em posição de responder com os instrumentos conceptuais da cultura tradicional. Seria preciso criticar e desmontar, quer a técnica, quer a arte tradicionais para conseguir descobrir a responsabilidade unitária em ambos os campos.

Esse foi o trabalho das duas gerações que se seguiram entre o fim do século XIX e o princípio do século XX. Para os técnicos, não se tratava de mudar a abordagem objectiva e científica, mas de desenvolver coerentemente os resultados da pesquisa, que se afastavam cada vez mais dos moldes formais reconhecidos. Para os artistas, pelo contrário, era preciso consumar todas as regras tradicionais de representação do mundo, chegando até à página branca de Malevic e de Kandinsky, para possibilitar a construção de novas formas não vinculadas aos hábitos e aos interesses tradicionais. Nos dois primeiros decénios do nosso século, estas duas pesquisas chegam a um ponto de grande proximidade. Vantongerloo declara: «A ciência e a arte têm as mesmas leis e não vem longe o momento em que a arte e a ciência formarão uma unidade homogénea». Os criadores da arquitectura moderna — Le Corbusier, Gropius, Mies van der Rohe — jogam a sua extraordinária mestria no sentido da persuasão não da sugestão: querem convencer o interlocutor por uma discussão racional e controlável e não vencê-lo num momento de disponibilidade emotiva.

A nova arquitectura tem muitas características metodológicas análogas à pesquisa científica — objectividade, transmissibilidade, controlo experimental, colaboração colectiva no espaço e no tempo — e pode considerar-se como o resultado da extensão do espírito científico a um campo a ele tradicionalmente estranho. Por isso aceita com facilidade os resultados da ciência e da tecnologia enquadrada nas especializações tradicionais; mas distingue-se desta pelas suas ambições de independência em relação a qualquer condicionamento institucional prévio. Conserva a herança da cultura artística de vanguarda dos decénios anteriores e está já em guarda contra a instrumentalização da ciência e da técnica ao serviço do poder, que será tragicamente imposta nos anos trinta e quarenta.

Vale a pena fazer também uma alusão às consequências pessoais e sociais destas opções. Os artistas de vanguarda, empenhados no desmantelamento do mundo de formas tradicionais, foram mantidos à distância e na miséria enquanto o seu trabalho foi entendido — justamente — como uma ameaça aos interesses constituídos, mas conseguiam subsistir apertando o cinto e pintando sozinhos nos seus *ateliers*. Os arquitectos que continuaram o seu trabalho tiveram de sair dos seus *ateliers* e de reatar as suas relações com a sociedade para conseguirem realizar os seus projectos; encontraram infinitas dificuldades e superaram-nas pacientemente, pelo preço elevado de energias frustradas e de desenhos que ficaram no papel. Os pintores e escultores seus contemporâneos, pelo contrário, encontravam de repente um caminho pejado de sucessos e de lucros, desde que dessem a garantia de desenvolver o seu trabalho de acordo com as normas, tradicionais, isto é, confinando-o ao mundo do entretenimento, da *fiction*, dos *loisirs*.

Hoje, a meio século de distância dessa transformação decisiva, a situação é ainda incerta. A arquitectura moderna já fez as suas provas, já demonstrou que podia renovar o ambiente de vida do homem e da sociedade contemporânea, mas investe ainda uma parte menor da produção numa minoria de países mais desenvolvidos.

As transformações recentes e aquelas ainda maiores que nos esperam, tornam cada vez mais árdua a missão apontada pelos mestres, isto é, dominar de modo unitário e responsável a multiplicidade das técnicas e dos contributos necessários a gerir o ambiente de vida. Assim, está em curso uma tentativa de voltar ao antigo e de expulsar a arquitectura para a antiga posição de «arte bela», autónoma em relação ao mundo tecnológico e produtivo.

A arquitectura, pelo contrário, não tem nada de especial a acrescentar ao universo tecnológico, a não ser a exigência da coordenação e do respeito pelas necessidades humanas.

II. Arquitectura e pintura

As relações entre a arquitectura e a pintura parecem ter sido, uma vez por todas, fixadas no momento em que ficou estabelecida a sua qualidade de actividades livres, resultantes da multiplicidade das técnicas manuais. Durante quatro séculos, a arquitectura e a pintura, juntamente com a escultura, foram consideradas actividades paralelas e exercidas como tal, designadas pelo nome comum de «artes» ou «belas artes»: é assim que são ainda apresentadas nos livros de texto que servem de apoio aos estudantes das escolas médias, na ordem do ensino nos institutos de arte e nas universidades, na linguagem legislativa e regulamentar.

Considerando os acontecimentos históricos dos últimos cinquenta anos, sabemos que as coisas se passaram de modo diverso e que a individualidade das três artes — tal como também o conceito global de «arte» — são tudo menos estáveis e definidas.

Houve um período — mais ou menos entre 1905 e 1917 — em que os pintores e os arquitectos trabalharam lado a lado, com um intercâmbio denso e rapidíssimo de solicitações recíprocas. Os arquitectos procuravam um método para estabelecerem em bases científicas e objectivas a projecção dos artefactos que formam o cenário da vida quotidiana; mas para consegui-lo era preciso eliminar os vínculos herdados pela tradição, não só recusando conformar-se com os estilos históricos, mas afastando, com um esforço decisivo, a enorme acumulação de modelos, de associações e de esquemas visuais fixados na memória, nos hábitos e nos comportamentos de todos, através da educação e da continuidade das referências ao ambiente.

O trabalho desenvolvido pelos pintores — entre a primeira exposição colectiva dos *fauves* e o início do movimento neoplástico — foi nesse momento decisivo, não só para a pintura, mas também para a arquitectura e a organização do ambiente em que todos temos que viver. Desmontar peça por peça a textura compacta dos hábitos visuais, alcançar o estado de lúcida indiferença — a «tela vazia» de Kandinsky, o «deserto» de Malevic — adequado a descobrir novamente o significado dos factos visuais mais simples e a combiná-los de um modo novo, serviu, não só para fazer nascer uma nova pintura, mas também para marcar o ponto de partida de uma pesquisa mais ampla, a que podemos continuar a chamar arquitectura, mas que diz respeito ao apetrechamento de todo o conjunto de formas artificiais em que decorre a vida dos homens e que, portanto, em perspectiva, torna impossível a subsistência da pintura como actividade autónoma.

Não tenciono insistir mais neste ponto; os estudiosos de história, depois de cinquenta anos, conseguem reconhecer com suficiente nitidez o seu significado e as suas potenciais consequências, mas essas consequências pouco prejudicaram os hábitos e as instituições; continua-se a falar da «arte», ou melhor, fala-se cada vez mais dela, mesmo nas publicações em fascículos, que se vendem nos quiosques; os pintores continuam a pintar, os arquitectos a projectar e a construir, os críticos a decifrar, defender ou atacar as obras de uns e de outros.

Os visitantes das bienais, trienais ou quadrienais interrogam-se se as obras expostas pertencem à pintura ou à escultura a partir do momento em que pintores e escultores se habituaram a abandonar as matérias e técnicas tradicionais; os estudantes que se inscrevem nas Faculdades de Arquitectura perguntam por sua vez — passando das aulas de análise matemática às aulas de desenho de representação e de desenho técnico — se irão ser técnicos, artistas ou uma mistura das duas coisas. Mas o prestígio da arte e dos artistas parece ser mais sólido que nunca, garantido pela multiplicação das exposições de arte, dos prémios de arte, das publicações sobre arte, da Enciclopédia da Arte, das rubricas de arte nas revistas ilustradas e nos quotidianos, pela subida constante dos preços dos quadros e de todos os bens artísticos. Mesmo os arquitectos, nas relações cada vez mais difíceis com os clientes, acham cada vez mais conveniente apresentarem-se como artistas para beneficiarem do respeito que todos parecem continuar a ter pelo mundo da arte. Esse prestígio, porém, não ajuda nem os pintores nem os arquitectos a viverem mais tranquilos.

Os pintores têm que enfrentar uma selecção rigorosíssima que se faz através dos caminhos obrigatórios das exposições, dos prémios, das apresentações concedidas pelos críticos, das encomendas dos comerciantes: o resultado desta selecção é uma distribuição quase inaceitável das obras pintadas que, depois de uma permanência mais ou menos longa no estúdio do pintor ou nas galerias, acabam penduradas nos salões de uma clientela que não tem qualquer relação com o pintor e nenhuma razão efectiva para escolher aquelas obras, mas que segue, de preferência, as solicitações da moda, da publicidade, do cálculo especulativo, ou então do capricho e do acaso. Não existe qualquer proporção entre o trabalho do pintor — com os seus escrúpulos, os seus entusiasmos, a sua paciência, os seus rigores — e os efeitos desse trabalho entre o público que olha momentaneamente as telas numa galeria ou regularmente nas paredes de uma sala. A razão por que os pintores estão ansiosos por falar, por explicar as suas intenções, será talvez o tentarem contrastar antecipadamente o silêncio e a indiferença a que as suas obras estarão em grande parte votadas, mesmo que o seu autor fique famoso.

Os arquitectos, por sua vez, podem passar a ser importantes e respeitados como artistas, mas à custa de se sentirem excluídos das decisões verdadeiramente importantes: o respeito pela arte é válido com a condição de não se ultrapassarem, precisamente, os limites sectoriais tradicionalmente definidos entre a arte e a técnica, entre a arte e a política, entre a arte e o negócio: quem experimentar fazê-lo é expulso com a máxima energia, mesmo tendo sido reconhecido como um grande artista, ou antes, especialmente nesse caso. Utiliza-se, sem dúvida, o clássico postulado da autonomia da arte, como no tempo de Brunelleschi, de Leonardo, de Bernini; mas nessa altura, as relações entre a arte e as outras coisas eram fixadas de maneira estável e recíproca; hoje, a técnica, a economia e a política são exigências independentes que recusam qualquer adaptação preventiva às exigências da arte. A autonomia tão apregoada traduz-se portanto, concretamente, por uma subordinação inevitável (basta ver o *boom* das editoras de livros de arte) que não serve, na realidade, para aumentar a confiança do público no mundo da arte, mas para impor os valores tradicionalmente seleccionados como uma qualquer mercadoria, apostando precisamente na sujeição que deriva dos valores consagrados: oferecem-se ao público «os mestres da pintura e da escultura», os «grandes músicos», as «obras-primas através dos séculos», etc. O uso do adjectivo «grande» é a medida exacta desta tendência. Quer colocar-se o leitor na situação do público sedentário que se sente desportivo porque aplaude ao domingo, das grades dos estádios, as inacessíveis vedetas do futebol, e não na posição de quem pratica um desporto e se prepara observando a competição entre os que são melhores que ele.

Tudo isto significa que a referência a um sistema de valores comum — os da arte, precisamente —, depois de ter sido um dos factores primários do equilíbrio da vida civil até uma época recente, sobrevive apenas como uma convenção não actuante e serve, de facto, para confinar os artistas a um papel subalterno, para isolá-los na sua especialização. Na base deste sistema, qualquer convergência entre o trabalho dos diversos artistas — e, portanto, pintores e arquitectos — passou a ser ilusória e realmente impossível.

Entretanto manifestou-se a alternativa nascida do encontro do primeiro pós-guerra. Renunciando a contrapor a forma e a função, a qualidade e a quantidade, é possível considerar de modo unitário as actividades que servem para modificar a paisagem terrestre pela necessidade do homem, e considerar a arte como o estímulo qualitativo que tem de circular no processo global para equilibrar o peso dos factores mecânicos e reprodutivos. A arte pura pode transformar-se no «laboratório experimental da arte aplicada», segundo a frase de Rietvel, e as artes tradicionais, juntamente com os factores técnicos, económicos, etc., podem encontrar uma nova unidade no sistema da arquitectura moderna.

A actual situação organizativa faz, porém, com que seja em grande parte inoperável este novo enquadramento. Pintores, escultores, arquitectos, não encontram o apoio institucional para uma verdadeira colaboração e só separadamente podem tender para esta nova unidade — sem dúvida inevitável no futuro — permanecendo cada um deles fiel à sua própria pesquisa independente.

É inútil pedirmos aos escultores e aos pintores para integrarem as suas obras nos ambientes dos arquitectos, e aos arquitectos para considerarem, como elementos do seu projecto, as obras de arte encomendadas aos pintores e aos escultores. Hoje estas adaptações recíprocas são podem acontecer à custa da coerência do trabalho de cada um. Os exemplos mais felizes da convivência entre arquitectura, pintura e escultura modernas continuam a ser os que não foram pré-determinados, em que as pinturas e as esculturas estão dentro dos edifícios ou junto deles, como peças de decoração ou elementos intercambiáveis assimilados ao fluxo de homens e de coisas que a arquitectura deve poder assegurar. Estamos a pensar na Guernica de Picasso, no pavilhão de Sert na Exposição de Paris de 1937, em muitas das obras presentes no edifício da UNESCO em Paris.

Existem, pelo contrário, dois caminhos que podem conduzir perto da integração futura. O primeiro é o dos arquitectos que cultivam pessoalmente a pintura ou a escultura. Neste caso, a unidade realiza-se na experiência concreta e fica completamente de fora do edifício construído, em que o autor não deseja colocar todos os seus quadros e estátuas, senão acidentalmente. Pode acontecer, pelo contrário, que algumas imagens utilizadas no trabalho de projectar reapareçam inseridas na obra acabada, quase como uma alusão que documenta as fases preliminares do trabalho que levou à realização do edifício; é o que faz Le Corbusier ao imprimir nas paredes de cimento das *unités d'habitation* o gráfico do *modulator* ou os símbolos dos seus princípios urbanísticos. Não são esculturas, como nos edifícios do passado, isto é, resultados de uma actividade autónoma e paralela, ligados por intenções estilísticas comuns, mas imagens que dizem respeito a fases diversas de uma mesma actividade, que se quis abordar para reforçar a continuidade do processo mental que está na origem do edifício.

O segundo caminho é o dos pintores ou escultores que não pedem aos arquitectos um esforço impossível de coordenação formal, mas uma ajuda para rectificar a organização da procura, a que se destinam os resultados do seu trabalho.

Os pintores mais empenhados na sua pesquisa são precisamente aqueles que sentem a dificuldade de dirigir-se ao público através do diafragma das exposições, dos críticos e dos comerciantes e que sentem a necessidade de dirigir-se a mais gente e de modo mais directo. Pedem, portanto, aos arquitectos que arranjem lugar para as suas obras, para as colocarem à vista das pessoas nos percursos e nos locais predispostos pela vida quotidiana, para que possam ser parte da experiência comum, tal como os edifícios e as decorações de ruas que todos vemos quando vamos para o trabalho, quando voltamos para casa, quando nos reunimos com os amigos para um espectáculo.

Estas obras devem continuar a ser «pinturas» e «esculturas» ou antes tender para edifícios e ornamentos melhor desenhados? Nesta pergunta reside a incerteza dos desenvolvimentos futuros.

EM QUE PONTO SE ENCONTRA A ARQUITECTURA MODERNA?

I *Arquitectura e sociedade*

Hoje a arquitectura «moderna» é novamente criticada e defendida como uma tendência contraposta a outras que se designam por «pós-modernas» ou por qualquer outro nome. As discussões deste género repetem-se há sessenta anos. Os adversários da nova arquitectura tentaram, desde o princípio colocá-la no quadro do eclectismo tradicional como uma nova tonalidade da gama multicolor das tendências daquele tempo: «a quinquagésima oitava verdade», costumava dizer Frank Lloyd Wright (figs. 15-16). Nessa altura, não era possível fugir a esta polémica porque a arquitectura moderna era um programa só em pequena parte realizado e se apresentava sob a forma dos outros movimentos de vanguarda; a sua «diversidade» era uma promessa teórica que podia ser examinada e contestada através de outros raciocínios programáticos.

Hoje já não é aceitável uma comparação nestes termos. Podemos agora descrever a arquitectura moderna em termos históricos, como uma experiência real feita em todos os países do mundo. O quadro que daí resulta é bem diferente do programa de origem, mas tem agora de substituí-lo para todos os efeitos e tem de construir a base para um juízo concreto sobre as novas propostas programáticas, a favor e em contrário.

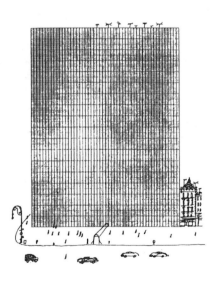

Figs. 15-16: Estilo moderno e estilo antigo (ou pós-moderno?). Desenhos de Paul Klee (1925) e de Saul Steinberg (1975).

Para esboçar uma descrição teórica é preciso começar pelas características do anterior ciclo de experiências, que começa em meados do século XIX e se prolonga — contraposto ao ciclo moderno — até aos nossos dias. Essas características são:

a) uma repartição do espaço urbano e territorial entre a administração pública e a propriedade fundiária. A administração detém uma parte menor — as faixas de terreno para as vias de comunicação, as instalações e os serviços — e fixa as normas legais para o uso de tudo o resto, mas deixa que os tempos, os lugares e as formas das transformações reais (e os consequentes aumentos de valor) fiquem na mão dos proprietários das áreas;

b) uma divisão do trabalho necessário para essas transformações em dois géneros — o técnico e o artístico — distintos na abordagem cultural, no tirocínio didáctico e nas formalidades administrativas. Os dois tipos de executores correspondentes — os técnicos e os artistas — são excluídos de uma verdadeira responsabilidade na construção do ambiente e reservam para si um campo de opções especiais circunscrito com cuidado. Os técnicos definem a estrutura de um artefacto já vinculado, nas características essenciais, pelo compromisso fundiário entre burocracia e propriedade. Os artistas decidem entre as variantes da forma final, embora estas acabem por ser igualmente compatíveis com a instalação distributiva e a estrutura subjacentes;

c) uma formulação do repertório formal de onde se possam extrair estas alternativas, que toma o nome de «eclectismo» e inclui todos os modelos oferecidos pelas várias épocas do passado e pelos vários países do mundo, mas restringe tacitamente a sua aplicação aos âmbitos já descritos. Assim, a perspectiva, herdada da cultura renascentista e incorporada nos processos de divisão fundiária e de cálculo das estruturas, conserva um valor organizativo proeminente e todas as outras linguagens históricas são relidas em conformidade com ela (o classicismo divulgado até hoje nos projectos urbanísticos e tecnológicos não é outra coisa senão o rasto persistente desta situação privilegiada). Esta utilização dos «estilos» históricos e geográficos — que não tem precedentes em outras épocas — produz a ruptura da continuidade com a tradição passada, na Europa e em outros países do mundo: os laços com a História deverão em seguida ser restabelecidos indirectamente.

A arquitectura moderna — nascida com a primeira guerra mundial — é uma proposta alternativa de gestão da cidade, que

101

se distingue, por sua vez, por três características contrapostas às precedentes, que convém agrupar por uma ordem diferente:

a) uma nova abordagem integral à projecção do ambiente construído, que recusa a distinção entre as duas abordagens tradicionais, a técnica e a artística. Usando a linguagem habitual, esta proposta foi descrita como a extensão do método científico ao campo da arquitectura, ou então como uma alternativa global — e por isso artisticamente controlada — ao mundo das formas visuais correntes. Os mestres da arquitectura moderna recusaram ser artistas ou técnicos no sentido tradicional e reivindicaram um tipo de executor diferente, que combine a liberdade do artista com a objectividade e o tom prosaico do técnico;

b) um campo mais vasto de opções formais, não dependente dos modelos do passado e livre da sujeição às regras perspécticas. Nele confluem as experiências das vanguardas da pintura entre 1900 e 1920, que concluem o ciclo da pintura tradicional e o inserem, como sua parte integrante, na pequisa arquitectónica conforme foi atrás definida. Nas declarações programáticas, o novo repertório era considerado como a antítese do anterior. Mas a experiência da sua aplicação concreta, na arquitectura e nas outras artes, induz-nos hoje a considerá-lo antes como uma ampliação, que inclui tanto os modelos históricos como a perspectiva (recolocada no seu quadro específico) e recusa apenas a esquematização ecléctica destas referências. A maior amplitude produz maior liberdade de projecção do novo ambiente e a queda do formalismo ecléctico permite recuperar as relações com o passado, enriquecendo simultaneamente a pesquisa histórica e a projectual;

c) uma nova divisão de tarefas entre a administração pública e os executores, articulada no tempo e não no espaço. Toda a área a transformar deve pertencer à autoridade pública durante o processo de transformação; os terrenos onde se pode vir a construir devem ser distribuídos aos vários executores públicos e privados, a um preço que permita recuperar todas as despesas de aquisição e equipamento. A completa disponibilidade do terreno por um período limitado é a condição para poder realizar um novo desenho da cidade, cientificamente controlado e livremente imaginado e, portanto, adaptado às necessidades dos utentes. Este dispositivo nasce no fim do século XIX para a realização da construção pública, facilitada como correcção parcial à gestão precedente, e generaliza-se no primeiro pós--guerra como método geral alternativo.

Ao relermos hoje um texto célebre e quase esquecido, a declaração de Sarraz de 1928, escrita durante a primeira reunião dos CIAM, ficamos espantados precisamente com a mistura de afirmações sobre a exactidão científica, a liberdade artística e a organização político-administrativa que, na cultura tradicional, deviam estar separadas. Mas a distância no tempo permite-nos precisamente encarar o documento numa perspectiva histórica que torna essa mistura perfeitamente natural. Todo o movimento cultural ou político — o humanismo, o iluminismo, o romantismo, ou mesmo o liberalismo ou o socialismo — é uma construção complexa, que inclui vários elementos não homogéneos em relação aos hábitos do período anterior e cria uma nova homogeneidade no período seguinte. A arquitectura moderna nasce do encontro de várias componentes — a extensão progressiva da pesquisa científica e tecnológica, a radicalização da pesquisa artística, o confronto de várias hipóteses de controlo do desenvolvimento urbano — que evoluem separadamente no universo cultural do início do século XX; a transição decisiva é a descoberta de um nexo inesperado entre estas coisas, capaz de desbloquear as dificuldades da gestão da cidade e do território.

A novidade desta combinação nasce precocemente e com a máxima nitidez nos comportamentos humanos dos mestres que surgem entre 1910 e 1920, Gropius, Le Corbusier e Mies van der Rohe. Esses homens começaram a trabalhar os diversos papéis tradicionais (profissionais independentes ou inseridos nas instituições, professores, técnicos subalternos) e, partindo desses papéis, cultivaram propostas novas ultrapassando os interlocutores previstos pelas instituições e dirigindo-se ao último destinatário da hierarquia institucional: o homem comum, que desfruta da arquitectura; propostas, portanto, que põem em discussão os papéis e as regras vigentes, mas razoáveis e compreensíveis por todos. Utilizaram, para fazê-lo, o prestígio da sua qualidade de artistas para reforçar o tom do discurso persuasivo e não para obter uma momentânea adesão emotiva. Inventaram um estilo de trabalho nunca mais visto depois do século XVI: uma combinação de poesia e prosa, de audácia intelectual e de adesão à realidade, que não tinha, e não tem ainda, uma inserção social precisa, já que a sua integração na sociedade continuou a ser até ao fim incompleta, como aconteceu com os humanistas da Idade Média tardia.

A novidade da sua posição é evidente se se considerar que precisamente no mesmo período — entre as duas guerras mundiais — a sociedade deixa de ter preconceitos contra os artistas de vanguarda, que passam a ser apreciados e muito bem pagos, embora a sua mensagem continue a fazer parte de um campo que não é o da diversão, do tempo livre, que a pesquisa moderna começou a corroer. Os próprios arquitectos modernos, passando a ser famosos, são solicitados por todos os meios a confundir-se com os «artistas». Mas a sua posição cultural provoca um distanciamento que os distingue inevitavelmente dos pintores e dos escultores saciados e integrados. Nas suas histórias privadas são identificados como funcionários públicos — Dudok, Van Eesteren, May —, professores universitários — Gropius, Mies van der Rohe — profissionais titulares de pequenos *ateliers* — Le Corbusier, Aalto, o próprio Mies. Muitos deles cultivam uma relação colectiva de trabalho (temporário, como Le Corbusier e P. Jeanneret, ou definitivo, como Brinkmann, Van der Vlugt, Van den Broek e Bakema), que nenhum pintor ou escultor contemporâneo aceitaria. Nunca ganham quantias comparáveis às dos «artistas» e o desnível das suas remunerações é um critério histórico que ilustra bem a sua posição diferente na nossa sociedade. Depois da morte de Le Corbusier, o seu amigo Claudius-Petit contava que ele — o mais importante arquitecto do nosso século — não vivia dos ganhos da sua profissão, mas sim dos direitos de autor dos seus livros. Os últimos dias de Le Corbusier em Cap Martin e de Picasso em Mougins são a prova concreta da diferença de estilo humano e de colocação histórica das duas personalidades.

Fazer o ponto da situação da arquitectura de hoje significa avaliar em que ponto está a transição entre os dois métodos de gestão da paisagem construída. Como ambos são combinações de vários factores, a transição admite várias posições intermédias, distintas de misturas heterogéneas de factores que pertencem a um e a outro método, como acontece com frequência na história. Para não perder o contacto com a realidade, convém conservar a referência aos modos concretos de agir; pode servir-nos de fio condutor uma carta de Le Corbusier, datada de 6 de Outubro de 53, em que o mestre enumera três deveres dos arquitectos:

O primeiro é o seguinte: «Il faut se battre contre des moulins». No quadro mundial, o método de gestão tradicional é ainda em grande parte dominante. O novo processo de urbanização foi aceite quase sempre como excepção a inserir no compromisso tradicional entre burocracia e propriedade. O novo repertório formal foi aplicado de modo muito mais amplo, mas sobretudo nos âmbitos de projecção próprios do método tradi-

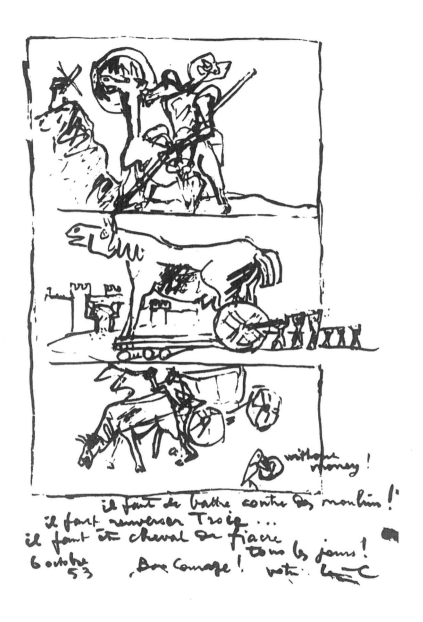

Fig. 17: Uma carta ilustrada de Le Corbusier.

cional, isto é, na dimensão de construção determinada pela divisão fundiária e nos modelos de construção estereotipados que dela derivam. Tudo isto produziu na prática uma desintegração dos organismos de construção e dos ambientes urbanos. A vastidão de opções possíveis, não fundamentada numa lógica de conjunto, desorientou arquitectos e executores, deixando subsistir uma imensa quantidade de soluções distributivas casuais, de pormenores improvisados, de acabamentos incorrectos e tornando plausível — na mesma base — a necessidade de um regresso aos modelos formais precedentes.

Por sua vez, a permanência do interesse privado na valorização das áreas e a associação da indústria de construção com a especulação fundiária impedem que se seleccionem em larga escala os produtos arquitectónicos, embora só em termos de conveniência económica. De facto, a taxa de lucro especulativo nas transacções fundiárias é tão superior à taxa de lucro empresarial na construção dos artefactos, que torna este último irrelevante: a construção é sobretudo um expediente para avaliar o valor potencial de um terreno e pouco importa se é projectada e executada bem ou mal. O resultado que interessa o cliente é outro e o utente deve apenas ser induzido a ocupar de qualquer forma o edifício acabado. O arquitecto não é estranho a esta combinação porque, aceitando um campo de trabalho assim delimitado, recebe em troca uma «liberdade» de invenção formal que não é controlada por ninguém, cujo reflexo sobre os custos é facilmente contido na margem de lucro fundiário. O debate arquitectónico transforma-se numa comparação das formas de ocupar essa margem.

Nas obras públicas e nos bairros feitos em áreas públicas, desaparece o interesse pela valorização fundiária, mas se estas intervenções continuam a ser maioritárias e ocasionais, sofrem a atracção dos tipos e dos hábitos vigentes no resto do mercado e é inútil esperar que a sua qualidade seja muito diferente. No melhor dos casos despontam como elementos mais consistentes de uma colagem urbana minuciosa, que é a característica mais difundida da paisagem urbana nos países desenvolvidos.

No panorama mundial o confronto entre o velho e o novo método de gestão conduz a uma alternativa mais grave. Os agregados humanos sofrem transformações cada vez mais intensas e velozes, que só podem ser dominadas nos sítios em que as inovações modernas formam um sistema coerente e substituem, de facto, o método tradicional. Onde, pelo contrário, a modernização continua a ser subalterna, mas o método e os interesses tradicionais resistiram à prova, os organismos humanos dividem-se em duas partes: uma para as classes dominantes, onde são válidas as regras dos projectos e dos planos de urbanização; a outra para as classes subalternas, onde essas regras já não são cumpridas. Sabe-se que no Terceiro Mundo — e também em algumas áreas marginais do mundo desenvolvido, como a Espanha, a Itália, a Grécia — os agregados «irregulares» crescem a uma velocidade dupla da dos «regulares» e preparam-se para constituir a maioria dos agregados humanos no fim do nosso século. Estes fenómenos exigem uma discussão bem mais radical. Trata-se de reivindicar a própria noção de controlo da urbanização e da construção, ou então de contestar todo o aparelho público (como se fez com os regulamentos do *ancien régime* na primeira revolução industrial) e de inserir a pesquisa projectual na espontaneidade da autoconstrução, como tentou fazer Turner.

Enfim, a difusão da linguagem moderna, tal como aconteceu de facto, piorou globalmente a qualidade do ambiente. As regras perspécticas tradicionais — os alinhamentos dos edifícios nas margens das ruas, as simetrias, as relações entre altura e largura nos espaços públicos — foram abandonadas sem serem substituídas por uma ordem mais racional. A proposta de voltar àquelas regras não pode funcionar porque reforça a condição estrutural — a combinação de interesses entre burocracia, propriedade e «liberdade» artística — que, com a sua permanência, deteve a meio a transição entre os dois métodos, e põe em perigo precisamente a integridade dos organismos urbanos. Logo, a polémica sobre toda a gama de problemas tem de continuar, aceitando os inconvenientes que dela derivam. Os moinhos continuam de pé, depois de meio século de assaltos.

O segundo conselho é oposto ao primeiro: «Il faut renverser Troie». Nenhum movimento pode durar pelo simples facto de se levantar uma polémica contra aquilo que acontece. É preciso que o novo método proposto tenha sucesso de qualquer forma, que demonstre a sua qualidade no campo dos próprios factos e não só no dos programas. Um sucesso parcial permite fazer um apelo persuasivo ao público dos utentes (as pessoas acreditam nos factos, não nas teorias) e obter depois um sucesso maior. A renovação da arquitectura exige intransigência, mas também astúcia e oportunismo para entrar nas muralhas de Tróia.

Esta obsessão era bem patente nos pioneiros da arquitectura moderna e explica a pressa em se comprometerem, em aproveitarem as oportunidades, em trabalharem para qualquer cliente que oferecesse espaço para a nova pesquisa, mesmo além dos limites da prudência.

Hoje, a sessenta anos de distância, podemos avaliar globalmente a soma dos resultados concretos que formam um património vastíssimo e diversificado em todas as partes do mundo. Em alguns países europeus, o processo de urbanização pública difundiu-se e passou a ser maioritário antes do início da pesquisa arquitectónica moderna (na Holanda, na Suécia), simultaneamente (na Alemanha de Weimar) ou logo depois, mas a tempo de canalizar para os terrenos públicos a maior parte do desenvolvimento da construção no segundo pós-guerra (na Inglaterra). Aqui, a projecção moderna teve possibilidade de cimentar-se com temas de conveniente amplitude, livres de vínculos fundiários e ligados entre si pela continuidade da intervenção pública; os resultados iniciais puderam ser corrigidos e repetidamente actualizados por aproximações sucessivas, isto é, de maneira verdadeiramente científica; as várias exigências económicas, técnicas e formais puderam ser sintetizadas com êxito, mediante um oportuno equilíbrio entre contribuições individuais e colectivas. Assim, hoje podemos contar, entre os resultados de uma nova cilização arquitectónica, cidades inteiras: algumas *new towns* inglesas, algumas metrópoles como Amesterdão e Estocolmo, e também uma «cidade mundial» como a Randstad holandesa, com vários milhões de habitantes.

Em muitos outros países não se deu uma tal integração e as numerosas obras de identidades menores — simples edifícios ou bairros inteiros — só potencialmente definem uma nova disposição global dos agregados. Por fim, o objectivo principal enunciado pelos programas teóricos: um «estilo internacional», isto é, um sistema coerente de regras, comparável ao da tradição ecléctica, falhou completamente. A selecção dos resultados à escala mundial — apenas pressentida nos relatórios dos anos vinte e trinta, desde o primeiro Bauhausbuch até ao livro de Roth — não voltou a ser feita, e mesmo uma fonte de confronto como o CIAM foi posta de lado em 1959. Gropius reconheceu em 1964, pouco antes de morrer, que «a batalha pela unidade está quase completamente perdida».

Nesta direcção caminhou sozinho, com os recursos de um talento incomparável, Mies van der Rohe, nos últimos anos da sua vida. O empreendimento que Gropius considerava efectivamente falhado — «a procura de soluções fundamentais passíveis de desenvolvimento, crescimento e repetição» — foi

108

assumido pelo velho mestre como tema do seu trabalho individual e foi levado avante até se consumarem todos os indícios de individualidade, sem diminuir a altíssima qualidade dos resultados. As etapas desse empreendimento são as obras sucessivas no Seagram — as casas de apartamentos de Baltimore e de Newark, a ampliação do museu de Houston, o arranha-céus IBM em Chicago, a galeria de Berlim, a extraordinária estação de serviço de Montreal. Os elementos da equação projectual — onde se escondem as opções pessoais não comunicáveis — são reduzidos ao mínimo; pouco a pouco aumenta o leque das combinações de conjunto e abre-se uma pesquisa ilimitada (como a que, a partir de Palladio, se propaga há dois séculos a todo o mundo) plenamente transmissível do mestre aos discípulos e aos seguidores. Em algumas das obras — terminadas ou mesmo começadas a executar depois da morte de Mies — não é possível distinguir a mão do mestre da dos outros. Estas obras-primas não reivindicadas a nível individual têm muitos pontos de comparação com o passado distante, mas continuam a estar isoladas e a ser inòperantes no presente e por isso tiveram até agora uma escassa ressonância. O seu significado será sem dúvida reconhecido no futuro: elas representam antecipadamente um novo estilo unitário que triunfará ou será definitivamente afastado do curso dos acontecimentos próximos (figs. 18-19).

Este novo olhar sobre o passado é uma das fontes das experiências chamadas «pós-modernas». A pretensão de que estas sejam novas tendências autónomas lutando para disputar a herança de um «movimento moderno» definido do mesmo modo restrito, já acabado, ou prestes a acabar, não pode ser tomada a sério. A arquitectura moderna deixou há muitos anos de ser um movimento e não são necessários outros «movimentos» semelhantes ou opostos para ocuparem o palco durante outro período de tempo. A arquitectura não é um espectáculo mas um trabalho difícil, para fazer frente às exigências mutáveis da nossa época. É preciso um leque muito amplo de instrumentos formais para executar essa tarefa. Toda uma geração de arquitectos em busca desses instrumentos, nascidos depois do início da pesquisa moderna, podem olhar o passado como se o vissem pela primeira vez e sentem-se fascinados pelo seu enorme repertório, que parece conter as soluções adequadas a muitos problemas modernos.

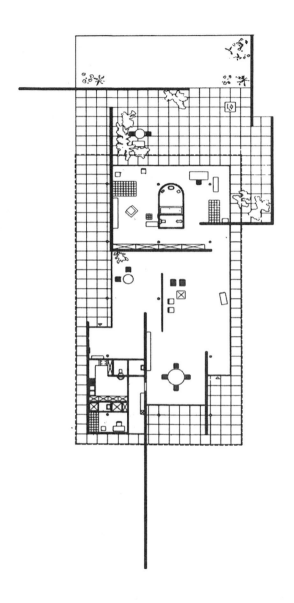

Figs. 18-19: Uma arquitectura demonstrativa de Mies van der Rohe (a planta da casa modelo apresentada na Mostra de Berlim de 1931) e uma arquitectura inserida na cidade (a galeria de arte moderna de Berlim)

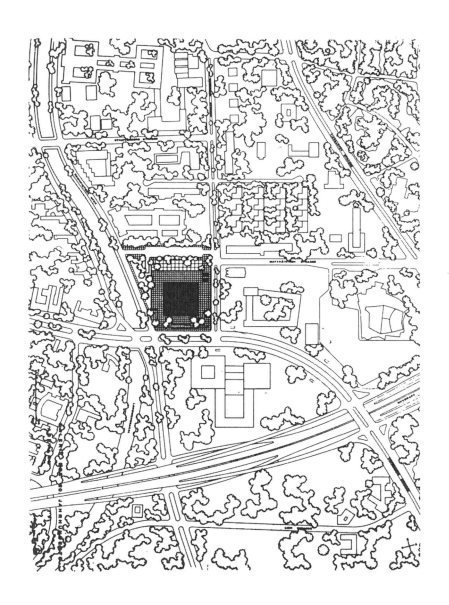

Se esta explicação for certa, semelhante abordagem imediata e acrítica deverá desaparecer em poucos anos. A excitação da surpresa deveria esgotar-se depois de um contacto prolongado com as obras do passado e ser substituída por uma confiança nova, meditada em contacto com a herança do passado. No entanto, o estímulo da primeira abordagem pode ser utilizado com dois objectivos diversos: o primeiro é o enriquecimento do vocabulário contemporâneo, se o desafio da arquitectura do passado for aceite em todo o seu alcance, considerando a distância no tempo e as diversas exigências da vida de então e de hoje. O segundo é uma ressurreição provisória do método ecléctico, se algumas formas do passado, isoladas do seu contexto histórico, forem novamente usadas como modelos da projecção contemporânea.

O exemplo mais óbvio de um sistema de formas do passado, que é agora reproposto como modelo permanente, é o classicismo, com a sua história de repetidos «renascimentos» a partir do fim da idade antiga e o seu código elaborado de regras colectivas, que faltam precisamente à prática contemporânea. A simetria própria do classicismo é uma das opções possíveis para a projecção contemporânea e, de facto, foi usada pelos mestres da arquitectura moderna como Mies van der Rohe. O Seagram Building, os Commonwealth Promenade Apartments e o Chicago Convention Hall são composições simétricas (figs. 20-21). A casa Farnsworth, os Lake Shore Drive Apartments, o Federal Center de Chicago e os centros de Toronto e de Montreal são composições assimétricas (figs. 22-24). A Galeria de Berlim e o «Campus» do I.T.T. são delicadas combinações de simetria e de assimetria (figs. 25-26). Mas a simetria pode também ser considerada como um modelo obrigatório, como em muitos exercícios contemporâneos bem conhecidos, escolares e profissionais. Logo, a opção fundamental não é feita entre as soluções simétricas ou assimétricas, mas entre a convicção de que as soluções *podem* ser simétricas e a convicção de que as soluções *têm de* ser simétricas.

Todas as experiências sérias e vitais de hoje pertencem ao primeiro destes grupos. O novo Parlamento australiano de Giurgola, Mitchell e Thorpe não é organizado em redor de dois eixos de simetria por uma opção programática, mas porque o local estava já simetricamente orientado antes dessa intervenção e só podia ser transformado reconhecendo essa sua característica (figs. 27-28).

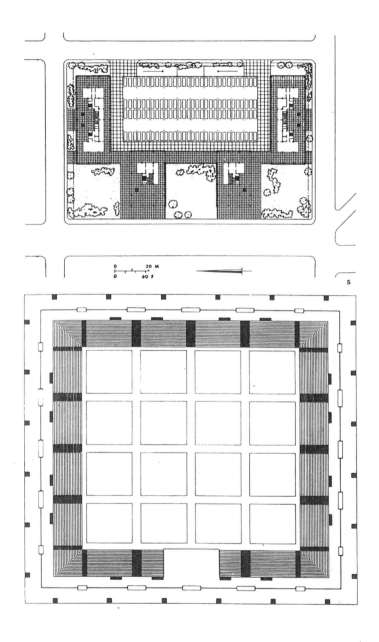

Figs. 20-21: Mies van der Rohe. Plantas dos Commonwealth Promenade Apartments e do Convention Hall de Chicago.

A avaliação de todas as experiências enumeradas, num quadro histórico amplo, continua igualmente suspensa. Elas formam um ciclo coerente, que merece um capítulo isolado na história da arquitectura, mas que pode conservar ou perder a universalidade a que aspira, conforme conseguir ou não acompanhar o ritmo das transformações do futuro imediato. É sobretudo decisivo o desafio dos agregados «irregulares»: se estiverem destinados a prevalecer, cairá a hipótese comum aos dois métodos de gestão idealizados no último século e meio ou seja, a continuidade do controlo dos projectos, desde a escala urbanística à escala de construção. A arquitectura moderna pode então transformar-se numa variante de uma tentativa falhada: um método mais actualizado para melhorar as condições de vida da minoria que já está agora melhor instalada.

O terceiro conselho refere-se ainda aos modos de comportamento: «Il faut être cheval de fiacre, tous les jours». Esta atitude, conscientemente adoptada pelos pioneiros da arquitectura moderna há duas gerações, é hoje mais necessária que nunca, perante a importância dos problemas a resolver e o perigo das alternativas abertas.

Os problemas de hoje não podem ser resolvidos de repente, através de impacientes formulações teóricas ou de sínteses de projectos. Os críticos e os arquitectos que entram em polémica com o «movimento moderno» distinguem-se, pelo contrário, precisamente pela falta de paciência e nem sequer tentam mudar as condições, preferindo cultivar o seu sucesso através das condições vigentes.

A motivação comum à maior parte das experiências catalogadas como contraposições do «moderno» é o desejo de um cooptação no mercado tranquilo e opulento da «arte» contemporânea. Dado este passo — isto é, depostas as responsabilidades concretas, que são uma vez mais remetidas para um campo diverso, e reconstruída a especificidade da «composição arquitectónica» no campo dos passatempos — tudo o resto vem como consequência. Abrem-se os canais paralelos do comércio de *élite* para as obras originais e do comércio de massa para imagens reproduzidas, que prometem dividendos sociais e económicos rapidamente crescentes. (Alguns arquitectos ficam hesitantes em vender os seus desenhos como preceitos de construção ou como «obras de arte» para pendurar na parede. Para os outros, o sucesso consiste na difusão dos desenhos e das fotografias das obras nas revistas e tem como ponto máximo um livro ou um opúsculo monográfico: o processo simplifica-se quando os colegas trocam de lugar para escreverem reciprocamente as monografias uns dos outros).

Este circuito acelera as transformações. Cada tendência vive em função do seu sucesso de público; quando o interesse diminui, tem de ser substituída por uma tendência diferente, e a escolha do próprio nome exige uma discussão empenhada (as várias etiquetas propostas nos últimos anos — «post-modern», «post-industrial», «post-mannerism», «modern classicism» — são sempre consideradas velhas pelos seus promotores poucos anos depois). A perda de actualidade é, porém, logo compensada por uma colocação no Panteão da História e essa consagração é muitas vezes invocada antecipadamente. As revistas de arquitectura contemporânea estão cheias de notas (sumárias e superficiais) sobre os monumentos do passado e as apresentações, individuais ou colectivas, incluem já as oportunas comparações com o passado, que servirão em seguida para facilitar a conservação e o consumo adiado.

Os arquitectos empenhados na *recherche patiente* dos últimos sessenta anos, que continuam a trabalhar em todas as partes do mundo, não precisam de entrar em polémica com estes personagens e conseguem conviver muito bem com eles porque têm um trabalho diferente: uns tentam melhorar o ambiente físico em que vivem as pessoas, os outros esperam a oportunidade de entrar — pela porta de serviço — no mundo autónomo da comunicação visual.

A pesquisa paciente tem de ser melhorada e reorganizada de um modo completamente diferente. Os arquitectos não são os únicos que enfrentam os problemas de hoje e devem misturar-se da maneira mais simples com os outros especialistas empenhados no apetrechamento do cenário construído: técnicos de todos os sectores, administradores, juristas, etc. Para esse encontro devem levar, não uma mensagem superior, mas uma liberdade de abordagem para criar as modificações necessárias às pessoas, para fazer com que as opções colectivas aconteçam numa base suficientemente ampla.

A ideia renascentista e ecléctica da harmonia não deve ser abandonada, mas refundida no trabalho quotidiano, como a gentileza e o bom humor no decorrer de um trabalho duro. A organização cultural que exclui a beleza da vida quotidiana é a mesma que a cultiva num campo separado, fazendo dela uma experiência especializada e excepcional. É preciso por isso escolher entre as duas atitudes. O confronto iniciado no terceiro

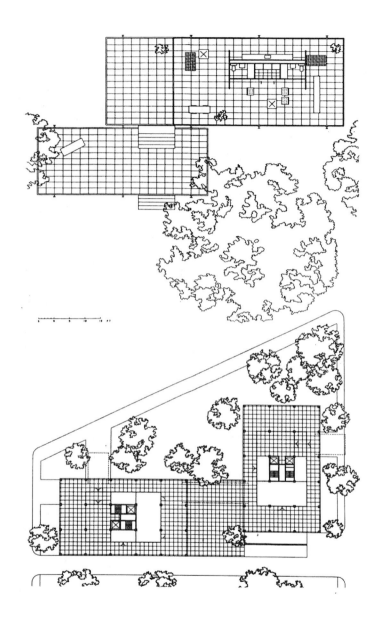

Figs. 22-24: Mies van der Rohe. Plantas da casa Farnsworth, dos Lake Shore Drive Apartments de Chicago e do complexo de Westmount Square de Montreal.

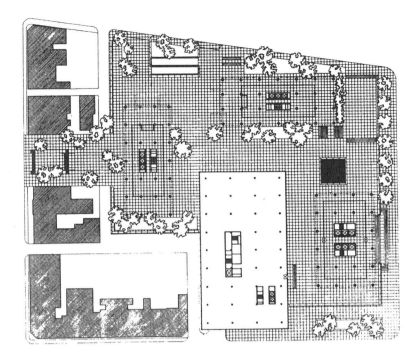

decénio deste século está ainda aberto e nem por sombras resolvido.

II *Arquitectura e história*

A história da arquitectura do passado e a projecção da arquitectura de hoje permaneceram unidas entre si a partir do princípio do século XV. No Renascimento, os monumentos antigos não eram considerados produtos históricos, mas modelos de uma linguagem arquitectónica universal e permanente. A partir da revisão iluminista da segunda metade do século XVIII, a arquitectura do passado foi reconhecida e estudada na sua verdadeira evolução histórica; no entanto, os edifícios antigos — os clássicos e também os que pertenciam a outras épocas ou às civilizações não europeias — continuaram a funcionar como modelos da projecção contemporânea até ao princípio do século XX, por um acto de opção codificado no sistema cultural do

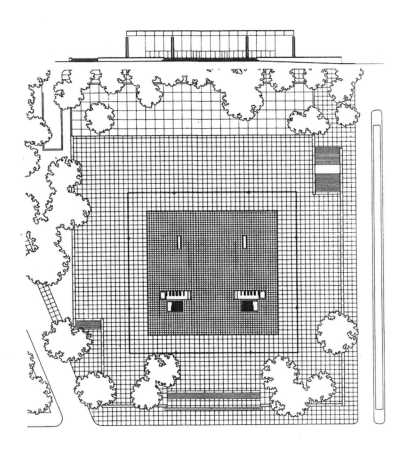

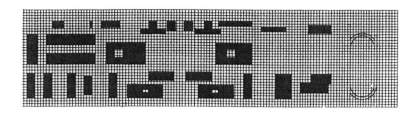

Figs. 25-26: Mies van der Rohe. Plantas da Galeria de arte moderna de Berlim e do «Campus» do IIT de Chicago.

Eclectismo. Os movimentos de vanguarda entre 1890 e 1914, e mais decididamente a pesquisa moderna dos anos vinte, eliminaram as referências históricas das opções actuais e acabaram por interromper — segundo a opinião dos teóricos de então — a secular união entre a história e a projecção.

Passados sessenta anos, vemos as coisas de modo diverso. Antes de mais, a própria arquitectura «moderna» tem agora uma história de vários decénios e deve ser reconhecida no seu desenvolvimento real, no tempo e no espaço. Já não é um ideal, mas uma experiência concreta e deve ser julgada pelos seus resultados, não pelas suas promessas. Tal como muitos outros ideais formulados no mesmo período, a «arquitectura moderna» já não pode ser considerada como um programa para um qualquer futuro desconhecido, mas tem de demonstrar que pode resolver os nossos problemas de hoje. Hoje sabemos que os problemas e as soluções mudam continuamente e os problemas de amanhã não podem ser resolvidos com os instrumentos culturais de ontem.

Além disso, a arquitectura moderna, interrompendo a utilização dos modelos passados pela prática contemporânea, permitiu um contacto mais justo — historicamente determinado — com o património tradicional e deu um novo impulso aos estudos históricos. Os mais importantes contributos historiográficos a partir dos anos trinta — os *Architectural principles in the Age of Humanism* de Wittkower, a *Perspective as symbolical Form* de Panofsky, os *Pioneers of Modern Design* de Pevsner — derivam da alteração desse ponto de vista. Hoje podemos ver e saborear as obras de Brunelleschi, de Palladio, de Schinkel, por aquilo que verdadeiramente são, sem o entrave da infinita série de imitações feitas no período do Eclectismo.

Na situação actual, a história pode trazer um contributo importante para as discussões sobre os projectos. Apresentando as experiências antigas em todos os seus pormenores, dentro das situações sociais e culturais de origem, a história pode facilmente destruir a premissa de que certas formas ou regras arquitectónicas são universais. Os «arquétipos», as «leis eternas da arquitectura», as formas «naturais» dos aglomerados urbanos não aguentam uma análise histórica séria. Pode facilmente demonstrar-se que o classicismo renascentista é uma construção intelectual começada há menos de cinco séculos e terminada num outro período mais próximo. As regras de arquitectura do Renascimento, construídas através de repetidas tentativas empíricas por Brunelleschi e pelos seus continuadores, são combina-

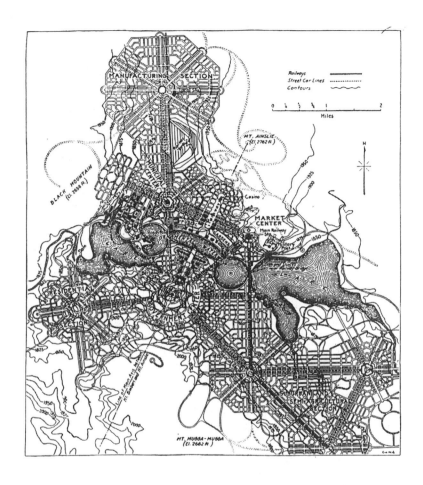

ções históricas complexas e fortuitas, não leis gerais fora do tempo e do espaço.

As bases históricas da cultura arquitectónica moderna, estabelecidas no princípio do nosso século, não devem ser abandonadas mas completadas e alargadas. A experiência do passado deve ser completamente explorada e documentada em toda a riqueza das suas circunstâncias, destruindo assim as aproximações pobres e simplistas, usadas como modelos da projecção contemporânea. Os edifícios antigos devem ser recolocados no seu espaço e no seu tempo originários para nos permitirem, a nós, trabalhar coerentemente no nosso espaço e no nosso tempo.

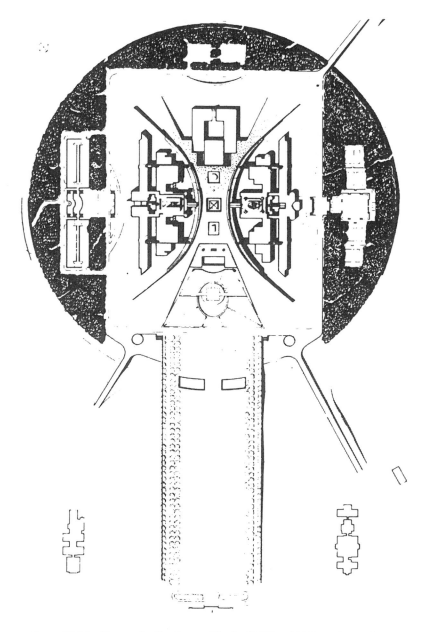

Figs. 27-28: Planta de Camberra (W. B. Griffin, 1913) e planta do novo Parlamento projectado por Giurgola, Mitchell e Thorpe, inserido na parte central da composição.

O CONTRIBUTO DA HISTÓRIA
PARA O ENSINO DA ARQUITECTURA

1. A situação actual dos estudos de história da arquitectura

A ordem dos estudos, ainda vigente nas Faculdades de Arquitectura italianas, que fixa o ensino da História nos primeiros dois anos, obedece a uma antiga regra que remonta ao momento em que foram fundadas as primeiras escolas modernas de arquitectura, entre o fim do século XVIII e os primeiros anos do século XIX.

Convém considerar os motivos deste modelo didáctico, que funcionou até uma época recente e que hoje, embora culturalmente ultrapassado, influencia ainda, com as suas consequências organizativas, o ensino contemporâneo.

A história da arte, no seu significado actual, começa quando a referência retrospectiva própria da cultura clássica perde as suas características universais e meta-históricas e passa a depender de uma aferição especial, historicamente circunstanciada. Winckelmann interessa-se ainda pela antiguidade, como todos os teóricos a partir do Renascimento, mas deseja «individualizar e esmiuçar a matéria a tratar, do ideal chegar ao sensível e do geral ao individual».

É precisamente o carácter histórico desta aferição que impede que se continue a ter como referência única os modelos antigos: toda a arquitectura do passado é conhecida e estudada na sua estrutura temporal objectiva e a arquitectura de todas as épocas, de todos os países, pode ser utilizada como modelo de projecção contemporânea; os argumentos filosóficos, morais e políticos criados para justificar a proeminência destes ou daqueles modelos, durante as polémicas que duram até ao quinto decénio do século XIX, não podem impedir que o repertório da projecção se amplie, até coincidir, de vez em quando, com o campo evidenciado pelos estudos de história da arte.

São bem conhecidas as consequências de referência histórica no exercício da arquitectura e não é preciso voltar a falar nelas; devem, pelo contrário, considerar-se as consequências da referência aos métodos de execução no desenvolvimento dos estudos históricos.

Enquanto dura essa referência, a história da arte é só aparentemente objectiva e científica, porque selecciona a arquitectura do passado segundo as exigências da projecção contemporânea; projecta em todas as épocas da História alguns padrões próprios de um passado mais recente; mantém, também através da interpretação das experiências medievais, os critérios perspécticos, entre os quais a necessidade de distinguir, no contínuo urbano, os edifícios individuais, sujeitos a uma organização de composição unitária; descrimina na produção da construção os edifícios representativos (palácios, catedrais) de onde é mais fácil poder extrair um repertório de formas imitáveis; considera as formas arquitectónicas como objecto de uma projecção especializada, distinta da das estruturas e das instalações e coordenável com esta a posteriori, e é obrigada a dissociar sistematicamente as formas passadas das condições técnicas originárias, para poder introduzi-las no jogo da projecção presente.

Em todas as escolas que se formam depois da viragem neoclássica — na École Polytechnique como na Académie des Beaux Arts — o ensino da História tem a função precisa de fornecer os modelos para a composição arquitectónica; esta relação entre conhecimento do passado e projecção é já evidente no primeiro curso de Durand na École Polytechnique e passa, à laia de herança, à maior parte das escolas de engenharia e arquitectura que se seguem. Os cursos históricos são colocados nos primeiros anos, tal como os cursos matemáticos e científicos porque têm de preceder as respectivas aplicações nos cursos de composição, tal como nos cursos tecnológicos e de ciência das construções.

Nos cursos de composição, a parte normativa utiliza os padrões produzidos pela pesquisa histórica, isto é, o repertório dos estilos, tal como acontece especificamente no curso de Guadet no final do século; para além desta base objectiva, existe apenas a contribuição pessoal que cada docente põe em prática no seu *atelier*.

Este modelo didáctico garante, não só o equilíbrio interno da cultura artística do tempo, mas também a coordenação entre cultura artística e cultura científica e permite manter fixo o sistema de convenções práticas que possibilitam a inserção mútua das duas componentes em todos os casos concretos e que formam o núcleo metodológico da tradição ecléctica.

Quando esta ligação entre história e projecção é contestada, no último decénio do século XIX, no campo historiográfico reivindica-se a originalidade dos períodos até agora excluídos da estandardização tradicional (Wickoff, Riegl, Wölfflin, Gurlitt) e no limite de toda a experiência artística individual (Fiedler, Croce); entretanto, na arquitectura e nas artes aplicadas, os artistas de vanguarda querem fugir ao conformismo dos estilos históricos, reivindicando igualmente a plena originalidade das suas experiências.

Hoje é, para nós, clara a importância dessas iniciativas, que souberam romper uma tradição tão compacta, mas também o seu carácter contraditório, que impede de levar a ruptura até às últimas consequências.

Reivindicando a originalidade qualitativa das experiências passadas e actuais, os movimentos de vanguarda que surgiram entre 1890 e 1914 desacreditaram a metodologia ecléctica e tornaram independente a pesquisa histórica e a projecção, mas não eliminaram, nem num campo nem noutro, as limitações derivadas da habitual coordenação mútua.

Na projecção desaparece a referência aos estilos históricos, mas o novo repertório formal é apresentado como um «estilo» original, que deve contrapor-se aos de imitação; a elaboração desse repertório é reservada ao gosto pessoal do artista, que conserva e acentua a sua liberdade incondicional, embora se proponha comunicar com um público mais vasto.

O repertório técnico, que precisamente agora aumenta e se racionaliza com uma rapidez especial, comporta, pelo contrário, uma organização do trabalho completamente diferente; assim, os dois campos de trabalho ficam praticamente separados, apesar das declarações teóricas em contrário, e continua válido o núcleo da tradição ecléctica, isto é, o sistema de convenções que tornam possível a divisão das tarefas entre técnicos e artistas e a mútua adaptação que se segue.

Na história da arte uma limitação análoga depende da própria natureza do predicado «arte», para o qual se reivindica com particular insistência um carácter distinto em relação aos outros sectores da experiência, e leva a confirmar parcialmente alguns critérios da tradição ecléctica:

a) desaparece a classificação das obras por géneros, mas instala-se a hierarquia qualitativa que coincide em grande parte com a anterior e não conduz a uma selecção diferente da produção passada;

b) desvaloriza-se a noção académica do «edifício», sujeita a uma composição fechada, mas usa-se de igual cuidado para distinguir, na continuidade urbana, a «obra de arte» atribuível à intervenção de um só artista.

c) acentua-se a distinção entre valores formais e valores técnicos, remetendo-o ao plano teorético e não se consideram nem se discutem os critérios metodológicos que possibilitam, na prática, a inserção mútua; assim, favorece-se, por um lado, a sobrevivência desses critérios nas práticas habituais, fora das discussões culturais; renuncia-se, por outro lado, a indagar a integridade dos factos arquitectónicos, sempre previamente decompostos nas suas componentes homogéneas.

Interrompe-se por conseguinte, nos discursos culturais e nas aplicações didácticas, a antiga ligação entre a crítica e o exercício da arte. Fiedler declara em 1914: «Deve recusar-se completamente a ideia... de que o desenvolvimento de uma nova concepção de arte teria necessariamente de introduzir uma nova orientação normativa para a produção artística. Seria um regresso á mentalidade da velha estética. Em caso algum pode a nova visão da realidade produzir novos cânones de arte. A arte, no seu exercício, deve considerar-se livre de qualquer reflexão teórica sobre a sua própria essência, a qual, por sua vez, pode apenas referir-se àquilo que a arte tenha produzido até então, e não pode de modo nenhum preocupar-se com o que deveria produzir. E encontra a garantia do seu próprio valor, não nas consequências práticas de uma nova orientação de realização artística, mas na nova luz que tenha sabido espalhar no campo já conhecido da arte de todos os séculos».

Estas exigências dão origem a uma pesquisa histórica independente das orientações práticas, que parece finalmente objectiva e desinteressada; na realidade, esta «objectividade» é só aparente, porque transporta para o plano teórico uma opção de actuação bem precisa e historicamente circunstanciada, própria das vanguardas europeias entre o último decénio do século XIX e o primeiro do século XX. Esta pesquisa, que depressa se institucionaliza no ensino e na praxis literária, tem o efeito de desacreditar os padrões da pesquisa estilística e, em geral, todas as formas críticas ligadas às orientações contemporâneas, cuja validade teórica contesta, embora as tenha em consideração como elementos úteis para caracterizar essas mesmas orientações.

É portanto compreensível que os pioneiros do movimento moderno tenham querido ignorar a «história da arte»; que Gropius, na Bauhaus, tenha eliminado o ensino da história ao passo que utilizava uma gama de contributos diversos, desde a pintura à tecnologia, e que Le Corbusier não se tenha preocupado com a mediação dos críticos de arte, procurando, pelo contrário, a dos homens de letras, dos técnicos, dos políticos.

Eles não recusaram a história, mas *aquela história*, na medida em que depende de uma distinção categórica entre qualidade e quantidade, isto é, da possibilidade de isolar os valores figurativos e de estudá-los por eles, enquanto que o movimento moderno critica essa distinção e quer reconstruir de outro modo o processo metodológico da projecção.

Sublinhemos que esta distanciação, mais do que índice de uma posição retrógrada, constitui um dos méritos dos mestres em actividade depois de 1918, tendo tornado possível uma verdadeira mutação nos métodos de projecção.

Até hoje não apareceram razões para modificar a distanciação de então. A teoria e a história da arte, a partir dessa altura, tiveram muitas evoluções contrastantes e as últimas pesquisas puseram às vezes em crise a metodologia tradicional; mas a metodologia tradicional determina ainda hoje o quadro institucional desses estudos e condiciona portanto o significado dos vários discursos, na medida em que depende da definição do campo de pesquisa.

Por isso hoje, no campo da história da arte, só algumas experiências extremas são inseríveis num discurso histórico mais amplo; grande parte das experiências de base — incluindo a «história da arte» que se ensina nas escolas médias e faz parte da educação de toda a classe culta — formam ainda um campo fechado e especializado, onde se reconhece ao juízo crítico a mesma incontestável autonomia reivindicada pelos artistas antes de 1914.

As tentativas de trazer para este campo a problemática da arquitectura moderna só serviram para esconder o verdadeiro significado dos problemas de projecção; convém reconhecer a incompatibilidade entre os dois discursos, só superável a longo prazo.

Tendo esclarecido este ponto, é preciso considerar as novas exigências vindas a lume no longo intervalo entre o primeiro pós-guerra e hoje.

1

Aquilo que, depois de 1918, se apresentava como um programa a executar é hoje uma experiência desenvolvida durante mais de quarenta anos e possui uma história interna própria. Essa história deve ser posta em evidência para esclarecer o valor dos resultados e dos métodos até agora elaborados e para colocar com conhecimento de causa as novas intervenções em relação às precedentes. A selecção dos factos assim obtida não pode com certeza ser considerada definitiva numa perspectiva histórica distante; mas é a única correcta que se pode fazer hoje, na medida em que tem em conta as orientações que deram origem a esses factos e de que nos servimos como critérios de actuação no presente, mais do que como meios de interpretar o passado.

Este processo não é arbitrário; pelo contrário: é o único com fundamento histórico porque não podemos fazer abstracções a partir de uma experiência ainda em curso e que nos empenha em qualquer dos casos, a favor ou contra; os chamados métodos «objectivos» da história da arte revelam-se, pelo contrário, a este propósito, arbitrários, porque aplicam ao movimento moderno um modelo de interpretações que o próprio movimento quis contestar e encerram uma petição de princípio que tem de tornar-se explícita — e traduzir-se numa crítica de fundo ao movimento moderno, como a de Sedlmayr — ou então ser decisivamente retirada.

O estudo da história da arquitectura moderna deve estar deliberadamente ligado à projecção contemporânea e deve individualizar os seus padrões, tal como a antiga história dos estilos fornecia os padrões para a projecção ecléctica.

A ligação com a praxis contemporânea não deve ser considerada uma utilização *a posteriori*, mas um elemento constitutivo da pesquisa histórica que é preciso empreender. Se não acreditamos na possibilidade de caracterizar separadamente cada um dos resultados, assumindo-os na esfera de um juízo absoluto, podemos apenas seleccioná-los segundo a sua capacidade de influenciar a pesquisa contemporânea; esta é a única medida disponível do seu valor histórico, tomada num intervalo de tempo muito breve, comparado com aquele que nos permite avaliar os factos mais remotos; mas é melhor aceitar publicamente esta limitação, moderando por conseguinte a segurança dos juízos, em vez de a tornearmos mediante um processo de abstracção.

Só assim pode diminuir, no nosso campo, a separação entre teoria e prática iniciada no fim do século XIX. Podemos justamente criticar o conteúdo da cultura histórica de tipo ecléctico, mas temos de reconhecer a validade da relação estabelecida nessa altura entre história e projecção. Os nossos padrões serão menos esquemáticos que os antigos, dinâmicos em vez de fixos, mas têm igualmente de constituir o ponto de encontro entre pesquisa histórica e pesquisa profissional.

2

A nova metodologia resultante das experiências do movimento moderno não é só um programa polémico, mas pretende interpretar mais correctamente a realidade da arquitectura e deve conduzir a uma renovação dos estudos históricos sobre a arquitectura de todos os tempos.

Esta segunda missão apresenta-se como muito mais difícil que a primeira, não só pela vastidão do campo, já organizado há um século segundo outros critérios metodológicos, mas também porque o ponto de partida — isto é, a problemática da projecção contemporânea — fornece neste caso uma referência mais indirecta que deve ser mediada através de outros tipos de pesquisa histórica (política, económica, tecnológica).

Entre as experiências do movimento moderno e o nosso empenhamento prático existe uma continuidade directa, que nos permite seleccionar os resultados obtidos e considerá-los idealmente presentes na nossa mesa de trabalho. Isto não se pode fazer com as experiências anteriores; temos mesmo de considerar a deliberada interrupção de continuidade de onde partiu o movimento moderno e que distanciou historicamente, uma vez por todas, o nosso trabalho da tradição anterior. Temos portanto de utilizar a experiência contemporânea como modelo analógico e reconstruir, nos diversos momentos do passado, as mesmas relações entre as opções de trabalho e os padrões, e entre a actividade arquitectónica no seu conjunto e as circunstâncias económicas, sociais e culturais que a acompanham.

Para reconstruir essas relações falta muitas vezes a base filológica — porque a pesquisa histórica foi orientada por outros fios condutores — e falta quase sempre a experiência de sínteses históricas anteriores que se possam discutir e modificar. O trabalho que podemos desenvolver por agora assemelhar-se-á a uma série de sondagens e de tentativas parciais e terá um carácter tendencioso, talvez mais manifesto e evidente do que o que foi descrito no primeiro parágrafo. Podemos apenas adivinhar a organização futura desta linha de estudo. O que tem de mudar não é só a orientação, mas também a definição da «história da arquitectura», que não pode ser entendida como uma secção da «história da arte», mas, pelo contrário, como um exame global da paisagem construída tendo em vista as necessidades humanas, e em relação à qual a história da arte sirva de aferição sectorial.

A habitual distinção entre valores formais e valores técnicos não pode ser ignorada no início da pesquisa, mas deve ser criticada e reconhecida como válida num limitado intervalo cultural. Partindo, pelo contrário, de um conceito unitário da actividade arquitectónica (tal como se depreende da definição de Morris em 1881: «o conjunto das modificações e das alterações introduzidas na superfície terrestre tendo em vista as necessidades humanas») resta examinar, época por época, as distinções introduzidas na teoria e na prática para articular a actividade que nos interessa e reconstruir a distribuição das energias humanas aplicadas ao apetrechamento do cenário urbano, ou seja, a essência da última arquitectura de todos os tempos.

· Este estudo pressupõe uma série de rectificações de processos, entre os quais:

a) a renúncia a procurar as ligações históricas comparando directamente entre si as obras e as personalidades emergentes; é, pelo contrário, necessário reconhecer a distribuição das pequenas intervenções homogéneas de que dependem as mudanças da história e colocar nesse quadro as pessoas e as obras individuais, para lhes atribuir um valor proporcionado;

b) a renúncia a adoptar, como unidade de referência constante, o edifício, isto é, a porção da continuidade urbana que corresponde à mais pequena intervenção identificável de projecção; é necessário considerar toda a gama de intervenções, variáveis de época para época quanto à extensão e à ordenação hierárquica, e reconhecer o carácter historicamente condicionado dos modelos de trabalho primários adoptados em cada uma das ocasiões. A noção de cidade (também ela historicamente condicionada, mas num intervalo cronológico e geográfico muito mais vasto) pode, pelo contrário, funcionar como referência constante com aproximações plausíveis.

São precisamente estas duas rectificações que mudam a base filológica da pesquisa exigindo um trabalho de documentação em grande parte novo; enquanto isso não estiver bastante avançado, qualquer tentativa de síntese pode apenas ser precária. Esta linha de estudos, não só exige o contributo de outras pesquisas históricas para reconstruir as circunstâncias do trabalho arquitectónico, como tende a integrar-se na história civil e a assimilar os seus métodos.

As experiências modernas redimensionaram e desdramatizaram os discursos da vanguarda sobre a entidade do empenho artístico. A vocação artística não é um valor absoluto a que tenham que ser sacrificadas todas as energias de uma pessoa, mas uma das tarefas do Homem, a que se deve atribuir um empenho apropriado e que deve ser, em certos casos, subordinada a outras tarefas mais importantes ou mais urgentes. O artista não pode tomar a seu cargo todos os ideais de uma sociedade e não pode ter só a missão de representá-los; tem de possuir uma responsabilidade verdadeira e total num campo limitado (a construção do cenário físico para a vida em sociedade) em vez de uma responsabilidade parcial num campo ilimitado.

Se isso for certo, deve ser possível fazer a História da arquitectura tal como a de qualquer outro facto, conservando o sentido da pluralidade de valores que convergem nesta actividade e também do seu carácter limitado em relação à totalidade da vida civil.

3

O longo caminho percorrido pelos críticos e pelos historiadores de arte desde a viragem institucional do fim do século XIX, e a longa interrupção das relações com a cultura profissional dos arquitectos fazem com que hoje já não seja possível o equívoco receado por Gropius nos anos vinte e permitem utilizar o contributo dos críticos de arte, tal como o dos economistas, dos cientistas e dos outros peritos com que os arquitectos têm de contactar, uma vez reconhecido o seu carácter de contributos externos especializados.

Nestes termos, torna-se possível aprender com os resultados filológicos acumulados na história da arte — necessários ao discurso histórico precedente — e com uma parte dos resultados críticos, que continuam a ser estimulantes mesmo independentemente das orientações de origem.

2. *O ensino da História nas Faculdades de Arquitectura italianas*

As vicissitudes do ensino da História nas Faculdades de Arquitectura italianas reflectem as do debate geral atrás exposto com um atraso mais ou menos considerável.

Quando foram instituídas as escolas superiores de Arquitectura — mais tarde transformadas em Faculdades — estavam previstas na ordem dos estudos duas matérias, «História da Arte» e «História e estilos da Arquitectura», que foram distintas quase desde o início da segunda guerra (em Roma desde o ano académico de 1925-26 até ao de 38-39, em Veneza, onde prevalece a princípio outra nomenclatura, desde o ano académico de 35-36 até ao de 37-38, em Turim desde 30-31 até 39-40 — excepto uma interrupção no ano de 34-35 — em Florença desde 32-33 até 38-39 — salvo uma interrupção de 32-33 a 35-36).

Esta distinção depende de dois motivos: a «História da Arte» é considerada como um ensino geral em relação ao qual a «História e estilos da Arquitectura» é um ensino especializado (de facto, a «História da Arte» era ensinada, em certos casos, antes da «História e estilos da Arquitectura»), além disso, a «História e estilos da Arquitectura» conserva o antigo carácter normativo, na medida em que os «estilos» são utilizados na composição actual, ao passo que a «História da Arte» assumiu um carácter crítico, independente das opções contemporâneas.

Pode dizer-se que a distinção se mantém enquanto é suficientemente forte a fé no carácter normativo dos «estilos». Até cerca de 1933, acontece também a «História da Arte» ser ensinada nos primeiros dois anos, a «História e estilos da Arquitectura» no terceiro e no quarto (em Florença até 32-33, em Turim e Veneza até 33-34), enquanto que o ensino dos estilos era administrado de forma sistemática nos primeiros dois anos do curso «Elementos de arquitectura». A partir desta data, há a tendência para concentrar as duas Histórias nos dois anos de propedêutico e finalmente, para fundi-las entre si (em 38-39 em Florença e em Veneza, em 39-40 em Roma, Turim e Milão); esta reforma tornou-se necessária devido à diminuição do rigor estilístico nas matérias de composição e sobretudo na cadeira de «Elementos de arquitectura», na qual o ensino propedêutico dos estilos só é possível sob forma histórica. Ao mesmo tempo, surge no terceiro e no quarto anos, ou só no terceiro, uma matéria chamada «Características estilísticas e de construção da arquitectura», em que a referência à norma ecléctica é menos acentuada e está intencionalmente ligada aos factores de construção (é o momento em que a polémica anti-moderna, em defesa do repertório tradicional, é levada a cabo em nome dos interesses da construção).

A coexistência entre a «História da arte» e a «História e estilos da arquitectura» dá, desde o início, lugar a algumas discussões, do género daquela, bem conhecida, entre Giovannoni e Adolfo Venturi. Quando as duas cadeiras são unificadas, o contraste transfere-se para o próprio seio da nova matéria e conduz inevitavelmente à liquidação da norma tradicional, reproduzindo com enorme atraso uma instância própria da cultura de vanguarda de antes de 14.

Entram simultaneamente em crise os «Elementos de arquitectura»; o abandono da antiga norma e a dificuldade em substituí-la por outra mais moderna acabam por fazer com que essa matéria perca o seu carácter propedêutico e transformam-na no primeiro degrau de uma experiência de projecção substancialmente homogénea, que prossegue com «Elementos de composição» e com «Composição arquitectónica».

Se esta transformação não é instantânea nem completa, isso depende de dois motivos, um negativo e outro positivo: o primeiro é a inércia do aparelho académico que consegue defender durante muito tempo a instância normativa tradicional, sustentando-a com os argumentos da arqueologia ou da análise estrutural; o segundo é a dúvida dos arquitectos sobre a possibilidade de reduzir completamente os seus problemas aos termos críticos correntes. No entanto, falando genericamente, não há dúvida de que a formação histórica dos arquitectos, de vinte anos a esta parte, se resume apenas à história da arte, tal como a educação da classe dirigente, quanto à arquitectura, depende quase só do ensino respectivo feito nas escolas médias.

O efeito imediato deste problema é a interrupção das relações entre o ensino da História e o da composição. Mas ao mesmo tempo começaram a reflectir-se na projecção os pressupostos culturais implícitos no discurso crítico; eles contribuiram para orientar os arquitectos italianos, a partir do pós-guerra, para pesquisas qualitativas isoladas, permitiram aos críticos seleccionar precocemente as pessoas que fazem os projectos e as suas obras segundo antiquados critérios figurativos, convenceram muitos dos melhores arquitectos a cuidarem principalmente a sua biografia e a pensarem nas suas obras como hipoteticamente colocadas nos livros de história da arte.

A discussão sobre se esta orientação é ou não desejável coincide com a discussão sobre o modo de ensinar História, dizendo os dois problemas respeito a uma única opção cultural. Consideremos que numa escola de arquitectura moderna essa opção deve fazer-se de modo nítido e, pela nossa parte, a opção está implícita na análise histórica exposta na primeira parte deste relatório.

Sendo assim, existem no campo da História três tarefas didácticas a desenvolver, que correspondem às três exigências anteriormente enumeradas.

1) Em primeiro lugar é preciso um ensino que tenha em consideração a formação e o desenvolvimento da arquitectura moderna e seleccione os resultados alcançados, na medida em que são hoje utilizáveis pelos que procedem à execução dos projectos.

Este ensino deve estar estritamente ligado ao exercício da projecção e deve cobrir todo o campo das pesquisas tipológicas necessárias à projecção. Como se sabe, estas pesquisas são objecto de diversos ensinos sistemáticos, colocados sobretudo nos três anos finais; esses ensinos são, naturalmente, indispensáveis, mas a sua multiplicidade impede de englobar num quadro unitário a tradição moderna e a forma sistemática da exposição dissimula a exigência das opções e das discriminações implícita neste discurso. Sendo depois diferidos após a experiência de projecção ter já começado, estes ensinos apresentam-se inevitavelmente como subsídios externos, não como bases metodológicas da projecção.

Um ensino administrado nos primeiros anos, que considere de modo unitário as tipologias da projecção moderna nas várias escalas, que mostre a evolução das tipologias e o valor metodológico deste processo ainda em aberto, em que o executor dos projectos terá de inserir-se na prática, forneceria, pelo contrário, uma orientação imediata aos alunos que estudam a projecção e equilibraria a importância das pesquisas sobre os ambientes (antigos ou modernos) considerados como possíveis campos de intervenção.

Insistiu-se sempre na relação entre a projecção e as pesquisas de campo (mesmo quanto à permanência da união entre «Elementos de arquitectura» e «Relevo dos monumentos») até se dar crédito à ideia de que as opções de trabalho dependem estritamente do conhecimento do contexto em que se tem de trabalhar; esta ideia serviu para promover muitos inquéritos urbanísticos, socioeconómicos, muitos estudos sobre o ambiente de grande valor, mas agravou também muitas experiências arquitectónicas e urbanísticas com uma pesada hipoteca de conservação, impedindo a ligação entre as sucessivas experiências, solicitadas de cada vez a recomeçar de novo.

Só a comparação entre a pesquisa tipológica e a pesquisa de campo faz com que as opções sejam conscientes e abalizadas, isto é, verdadeiramente inovadoras; a pesquisa tipológica, por seu lado, só parece convincente na sua forma histórica, na medida em que se refere ao carácter dinâmico dos modelos distributivos e processuais até agora encontrados.

Esta pesquisa está ainda no início. A sua prolongada ausência — e, em seu lugar, um tratamento evasivo da arquitectura dos últimos decénios, ao nível do de qualquer outro período — impede ainda hoje o debate sobre as opções contemporâneas e encoraja o desperdício que deriva da repetição de experiências já feitas.

Os cursos de projecção reagiram como frequência a esta falta, desenvolvendo, cada um deles por sua conta, um discurso histórico embrionário, isto é, projectando no passado a problemática de hoje. Esses desenvolvimentos provam ser bastante úteis, embora dividam por partes um assunto unitário e confirmem certas distinções institucionais — entre arquitectura e urbanística, entre decoração e arquitectura — tudo menos pacíficas do ponto de vista histórico. Daí a necessidade de desenvolver este tema a um nível próprio e com o devido rigor científico.

2) O ensino precedente deveria ser completado e generalizado por um tratamento histórico de todo o campo da arquitectura passada (ou do campo que contém os antecedentes imediatos da nossa civilização urbana, isto é, o período que vai da Baixa Idade Média até ao século XIX) conduzido com o mesmo espírito.

Este segundo ensino é ainda o mais desguarnecido do ponto de vista científico e deveria estar constantemente apoiado à matriz histórica geral; os únicos livros de texto plausíveis são os manuais de história política e económica, ou os poucos trabalhos existentes de história urbanística. A inserção do debate sobre a arquitectura neste quadro pode acontecer de preferência durante alguns períodos, ou mediante uma série de sondagens isoladas.

Abre-se aqui um dos campos de pesquisa científica mais prometedores para as nossas Faculdades, campo esse que deveria transformar-se no necessário suporte do ensino; os contactos com outras Faculdades e a contribuição de outros peritos especializados no domínio histórico podem ser de grande utilidade, mas o principal contributo deve vir dos próprios arquitectos, se souberem projectar historicamente a problemática que surge da sua experiência quotidiana.

3) O contributo dos críticos e dos historiadores é um dos apoios especializados acima referidos; pode concretizar-se a nível científico, chamando os críticos de arte a colaborar em grupos mistos de estudo ou instituindo acordos estáveis de consulta com a Faculdade de Letras e, a nível didáctico, instituindo cursos de História da arte distintos e paralelos aos de História da arquitectura, entregues a especialistas consagrados.

Este contributo não pode, no entanto, ser isolado e só adquire um significado evidente se considerado paralelamente a muitos outros, de natureza histórica ou sistemática, necessários à formação de uma cultura arquitectónica moderna a nível universitário.

Resta considerar a possível inserção destes três tipos de ensino na actual ordem de estudos, por mais precária que seja.

O primeiro tipo de ensino, sobre a tipologia da projecção moderna, pode ser administrado nos cursos iniciais de História, se se considerar oportuno introduzir nos «Elementos de arquitectura» uma exposição sistemática do mesmo tema, ou então se se decidir coordenar entre si a História e os «Elementos de arquitectura», incluindo na História as pesquisas tipológicas necessárias à projecção moderna e nos «Elementos» as pesquisas de campo.

Nesse caso, deveria desenvolver-se simultaneamente, nos cursos de História, o primeiro tipo de ensino (sobre a arquitectura moderna) e o segundo (sobre toda a arquitectura do passado), fazendo sobressair o estreito laço de união entre os dois temas; o primeiro tipo de ensino deve ser dado antes, por ordem lógica e por ordem de importância e, sendo preciso escolher, poderia passar sem o segundo, ao passo que o contrário não seria possível.

Em caso contrário, o ensino histórico da tipologia da projecção moderna pode transformar-se num dos possíveis conteúdos dos «Elementos de arquitectura», e o ensino histórico geral pode ser desenvolvido à parte, atribuindo aos cursos de História uma continuidade vertical (que poderia incluir as «Características estilísticas») e um carácter mais destacado em relação ao discurso sobre a projecção.

O terceiro tipo de ensino, isto é, o da «História da arte», distinto da «História da arquitectura» e paralelo a ela, poderia efectuar-se separando novamente a «História da arte» da «História e estilos da arquitectura», como acontecia antes de 38. Neste caso, os cursos de «História da arte» e os de «História da arquitectura» deveriam ser simultâneos e não sucessivos, para permitir um confronto entre os dois pontos de vista e evitar subordiná-los um ao outro.

O esquema didáctico dos primeiros anos é decisivo em relação a todo o curso da Faculdade; a distribuição dos temas pelas cadeiras e a sua sucessão no tempo estabelecem implicitamente algumas orientações fundamentais que já não é possível corrigir mais tarde.

OS EXECUTORES DA CONSERVAÇÃO

Se quisermos conservar os artefactos tradicionais é preciso salvaguardar as profissões tradicionais, que já serviram no passado para construir esses artefactos e que têm agora de servir para os manter. Estas certezas são inabaláveis. Mas estudando de mais perto o assunto, surgem muitas incertezas: em que medida queremos conservar imutáveis os artefactos tradicionais? Não devemos, utilizar, para esse fim, toda a gama de métodos de produções modernos, artesanais e industriais? Até que ponto os métodos artesanais e industriais são intercambiáveis e até que ponto podem os métodos industriais modernos substituir os métodos artesanais antigos? Qual é afinal a linha de demarcação entre uns e outros?

Um breve exame histórico servirá para colocar estes conceitos — «conservação», artefactos tradicionais», «artesanato» e «indústria» — numa perspectiva justa e aplicável de modo correcto.

Antes da revolução industrial, indústria e artesanato são termos, não opostos, mas sinónimos. Os edifícios e os outros artefactos que formam o ambiente construído são produzidos através de uma pluralidade de trabalhos, nas obras, nas oficinas, por muitas ou por poucas pessoas, em operações sucessivas dominadas por poucos executores versáteis e em operações simultâneas repartidas por muitos executores especializados; e no entanto, nesta variedade, não se reconhecem diferenças de conceito mas só de nível, e todos os termos que se referem ao trabalho material — indústria, mão-de-obra, ofício, artesanato, etc. — são em grande parte intercambiáveis. Entre o século XV e XIX destaca-se deste conjunto apenas o acto intelectual de criação das formas, que se considera um trabalho à parte e que eleva os respectivos especialistas — os pintores, os escultores, os arquitectos — a um outro nível cultural e social. Portanto, no sistema produtivo tradicional, a única distinção qualitativa é entre «arte» e «ofício» (indústria ou artesanato). No tempo do rei Sol, são considerados «artistas» tanto Le Brun e Poussin — que pintam pessoalmente os seus quadros — como Hardouin--Mansart e Le Notre, que projectam e dirigem agrupamentos enormes à escala arquitectónica e paisagística; todos os outros são considerados «operários»: os poucos trabalhadores de uma oficina de artesanato e os muitos milhares de verdadeiros operários de construção (que são já 35.000 em Versalhes em 1785 e incluem destacamentos militares completos utilizados nos trabalhos de escavação como os *bulldozers* de hoje). A própria divisão do trabalho pode ir muito longe, como acontece nas oficinas instituídas por Colbert (a Savonnerie, a Saint-Gobain, os Gobelins, com 1.800 ou mais encarregados), sem modificar a disciplina cultural e social do aparelho executivo.

A revolução industrial vem subverter este quadro e imprime ao desenvolvimento tecnológico uma aceleração tão repentina, que divide em várias partes a antiga organização produtiva. A unidade da cultura visual e do ambiente físico tradicional depende da circulação dos modelos formais e dos métodos produtivos entre o nível superior (da «arte») e o inferior (dos «ofícios»); a difusão dos novos métodos mecânicos de produção e o desmantelamento das corporações, que tinham servido até aí para canalizar nos dois sentidos os modelos e os métodos tradicionais, isolam entre elas as várias categorias de produtos: os artistas especializam-se na realização de objectos especiais, cada vez mais marginais e incidindo cada vez menos no ambiente de vida; os operários, organicamente ligados aos artistas, são excluídos do mercado antes de terem podido adaptar-se à nova situação e o seu lugar é ocupado por novos produtores desenraizados que utilizam passivamente os modelos em voga (a partir daí difundidos apenas pelos meios de comunicação de massas: catálogos, gravuras e mais tarde fotografias, e, portanto, reduzidos a formas abstractas, independentes dos materiais, das medidas e das circunstâncias de utilização) e que adoptam as novas máquinas, adequadas a reproduzir estas formas em qualquer material, a qualquer nível e em qualquer número de exemplares.

A qualidade dos objectos produzidos é desigual nos primeiros três ou quatro decénios do século XIX, até entrarem em circulação — nas oficinas de artesanato ou nas indústrias — os especialistas educados no período anterior. Depois é nivelada a um nível muito baixo, que surpreende e escandaliza os artistas e os homens da cultura. As exposições universais (a partir de exposição de Londres de 1851) evidenciam esta decadência e apressam os movimentos de reforma das artes aplicadas da segunda metade do século, que têm uma evolução semelhante aos movimentos de reforma política contemporâneos.

Numa primeira fase, a atenção concentra-se nos modelos (Henry Cole, Owen Jones, Richard Redgrave, Gottfried Semper); considera-se necessário elaborar modelos melhores, extraídos de exemplos distantes no espaço e no tempo, e fazê-los circular com medidas administrativas adequadas (escolas, publicações, museus, repartições públicas especializadas, etc.). Não se faz a distinção entre indústria e artesanato e não se discute o aparelho produtivo do tempo.

Numa segunda fase, examinam-se e criticam-se os próprios métodos de produção (John Ruskin, William Morris, Henry van de Velde e muitos outros nos fins do século XIX). Reconhece-se que a qualidade artística de um objecto deriva do «sentido do trabalho humano e da atenção dispensada à sua fabricação», e que a produção industrial destrói este aspecto, porque multiplica mecanicamente as formas que deveriam ser modeladas uma por uma pela mão do Homem:

«Utilizas uma coisa que pretende ter um valor, um custo e uma consistência que não tem; é um abuso, uma vulgaridade, uma impertinência e um pecado. Deita-a fora,... não pagaste para tê-la, não te serve para nada, não precisas dela» (Ruskin, *The lamp of truth,* 1938).

Parte deste raciocínio a contraposição entre indústria e artesanato. De facto, como sabemos, Ruskin, Morris e os seus colaboradores — Faulkner, Marshall, Webb e outros — quiseram ressuscitar um artesanato manual, retrospectivo e portanto protegido e inevitavelmente minoritário.

Vemos hoje, distanciados no tempo, que ambas estas soluções eram inadequadas. A primeira era «utópica», isto é, limitava-se a apresentar propostas, como o discurso político de Owen e Fourier, e não tinha em conta as transformações dos mecanismos de produção que tinham dado origem ao problema. A segunda era «científica» (no sentido de Marx e de Darwin), isto é, considerava objectivamente os mecanismos subjacentes aos resultados, mas aceitava ainda o postulado tradicional da «arte»: uma actividade criadora autónoma, originadora de modelos para todas as actividades produtivas e capaz de deduzi-las de todo o repertório do passado. O contraste acentuado por Ruskin dirige-se a uma indústria que tenta reproduzir, com métodos mecânicos, os mesmos modelos do artesanato antigo, eleborados no domínio da «arte pura» e dotados de uma autonomia «ornamental» própria. Para desbloquear definitivamente · a crise do aparelho produtivo na época industrial era preciso desenvolver mais a crítica científica e repensar radicalmente a distribuição das energias humanas aplicadas na formação e na manutenção do ambiente físico, isto é, desmontar precisamente a divisão renascentista entre trabalho criativo e trabalho executivo e apresentar, em seu lugar, uma actividade unitária, análoga à *ars* e à *tekne* do período pré-renascentista, que se articularia depois empirica e livremente, aceitando assim sem preconceitos as distinções originadas pelo desenvolvimento tecnológico moderno.

Esta transição decisiva acontece no segundo decénio do século XX e deve-se a Walter Gropius e aos outros mestres da arquitectura moderna, e conduz a uma redefinição de todos os conceitos até aí debatidos. A «arte» deixa de ser considerada como uma actividade constitutiva do espírito humano, para passar a ser encarada como uma forma histórica de organização do trabalho, que surgiu cinco séculos antes e que as vanguardas artísticas do início do século XX se propõem superar. (Notemos a propósito que só depois desta mudança a cultura europeia perde as suas pretensões hegemónicas e se abre ao confronto com as outras tradições culturais que permaneceram estranhas ao esquema organizativo humanista). A «arquitectura» deixa de ser uma subdivisão da arte para passar a ser uma actividade primária, que toma a seu cargo «todas as modificações e alterações introduzidas na superfície terrestre pelas necessidades humanas», segundo a definição de Morris. A «indústria» e o «artesanato» deixam de ser considerados como categorias conceptuais e passam a ser encarados como situações históricas concretas e variáveis, que têm diferenças de grau e não de qualidade e que se integram reciprocamente (a indústria serve-se do artesanato para a programação dos seus ciclos e o artesanato serve-se da indústria para renovar continuamente o seu equipamento e as suas matérias primas). Neste novo quadro cultural — não podemos esquecê-lo — nasce o conceito moderno da «conservação» do património físico antigo. Enquanto os edifícios e os objectos do passado foram considerados modelos para a criação dos presentes, estava ainda assegurada uma continuidade de execução entre passado e presente e os objectos tinham menos importância: era preciso conhecê-los, mas podiam ser modificados e destruídos no interior daquela continuidade. Só quando intervém a distanciação crítica moderna é que nasce a exigência da conservação textual, porque a frequência física passa a ser um meio insubstituível para recuparar os valores inerentes a esses objectos, não documentáveis por outros instrumentos semânticos.

À luz destas definições, podemos tentar resumir os resultados do debate recente, e em particular os que foram obtidos nos anteriores congressos do Conselho da Europa:

1) O património a conservar não é uma *lista* de *artefactos homogéneos e independentes entre si* (precisamente aqueles que no sistema cultural anterior tinham valor de modelos: os «monumentos» e as «obras de arte»); é, pelo contrário, um *sistema* de *artefactos heterogéneos e ligados entre si* que, no seu conjunto, formam o ambiente de vida das épocas passadas, com as quais perdemos o contacto espontâneo habitual: antes de mais, o ambiente da sociedade anterior à revolução industrial, a que se costuma chamar «pré-industrial» ou «do antigo regime». Trata-se de culturas, estradas, canais, aldeias, cidades, edifícios e objectos de uso seleccionados, não na base de um «valor artístico» controverso, mas na base de um tal grau de *significação* e de *coerência global,* que nos permite reconstruir as ligações com o passado perdidas ou ameaçadas e que é, portanto, conferido com rigor científico.

2) Este sistema de artefactos é tanto mais precioso quanto é ainda vivificado por uma relação quotidiana com as pessoas e as colectividades de hoje. Mesmo os objectos isolados que perderam o seu uso originário nos interessam, e conservamo-los com grande cuidado nos museus (ou então, se forem demasiado grandes, nos espaços representativos das nossas cidades, como «monumentos»). Mas nesse caso é preciso ir visitá-los de propósito com uma intenção premeditada que perturba e restringe inevitavelmente a relação comunicativa. Os ambientes agrícolas ainda cultivados, os edifícios e os apetrechos ainda usados como no passado ou de uma forma não muito diferente, interessam-nos, pelo contrário, muito mais, porque as ocasiões

de percepção, de contemplação e de reflexão são, de longe, muito mais variadas e completas em todos os aspectos da vida quotidiana e em diversas circunstâncias subjectivas: quando estamos atentos ou distraídos, preparados ou não preparados, satisfeitos ou insatisfeitos. Daqui o conceito da «conservação integrada»: cenário físico e habitantes ligados inseparavelmente entre si. Faz também parte desta exigência a aceitação da transformação contínua das relações entre o cenário e a sociedade nas margens amplas e surpreendentes que o cenário antigo quase sempre oferece. O importante é não interromper esta relação vital, que faz com que viva na realidade entre nós um património de valores criado no passado.

3) O repertório dos métodos de conservação moderna engloba uma gama de intervenções diversas, todas elas admissíveis em circunstâncias apropriadas e que serão avaliadas pela abordagem empírica da cultura arquitectónica moderna:

A *conservação*, isto é, uma série de obras cujo fim é unicamente consolidar um artefacto, garantir o seu tempo de duração, pôr de lado as alterações inadmissíveis, enfim, poupá-lo às injúrias do tempo subordinando a esse objectivo, ou mesmo eliminando, qualquer uso moderno.

O *restauro*, isto é, uma série de obras destinadas a consolidar um artefacto e a eliminar as modificações incompatíveis, introduzindo porém outras modificações compatíveis com a estrutura originária, para garantir um uso moderno igual ou análogo ao antigo.

A *restruturação*, isto é, uma série de obras que conduzem à transformação de um artefacto, conservando algumas partes, substituindo ou acrescentando outras, para permitir uma maior variedade de usos modernos, que correspondem ou não aos antigos.

A *reconstrução*, quando o artefacto originário foi destruído e se deseja substituí-lo por uma réplica, individual ou referida a um tipo recorrente, para obter, a um nível superior, a conservação, o restauro ou a restruturação do conjunto de que o artefacto faz parte.

Todas estas operações, individuais e extraordinárias, encontram a sua unidade numa actividade global e contínua à qual se pode aplicar a palavra *manutenção:* o cuidado quotidiano do Homem pelo seu ambiente de vida. Se não se garante esta intervenção permanente — que pressupõe uma coerência entre moldura física e corpo social —, as intervenções momentâneas nos artefactos isolados não bastam para proteger o ambiente antigo e os seus valores. Veneza é a melhor prova desta necessidade, e a dificuldade em salvar Veneza, embora tendo à disposição todos os meios financeiros e técnicos possíveis, está na nossa incapacidade de restabelecer o equilíbrio global entre as infinitas intervenções que quotidianamente transformam Veneza.

Partindo do conceito de manutenção, tentemos decompor as várias intervenções no ambiente construído nos seus elementos constitutivos mais simples. As operações materiais podem reduzir-se a estas três espécies:

obras de manutenção normal (para fazer durar e manter em funcionamento as estruturas originárias);

obras de manutenção extraordinária (para transformar ou substituir as estruturas que já não são sólidas nem utilizáveis);

obras novas, que antes não existiam.

Os diversos casos de conservação atrás enumerados são apenas diferentes combinações destas operações. Assim se esclarece o ponto de aplicação das opções executivas: em cada uma das operações elementares, e com maior razão ainda nas intervenções de conjunto, quer o artesanato, quer a indústria estão simultaneamente presentes e coordenados. Mas: nas intervenções sobre o património de construção existente, adquirem menos peso as obras estruturais (onde é habitualmente mais acentuada a componente artesanal) e mais peso as obras de acabamento (onde é mais acentuada a componente industrial). *A verdadeira questão é: que artesanato e que indústria?* Um artesanato ruskiniano, artificial -e protegido, não serve nem sequer para fazer os restauros mais rigorosos, porque mesmo os restauros têm de ser inseridos na realidade económica e tecnológica de hoje; por outro lado, também não serve uma indústria como aquela com que Ruskin entrava em polémica, que se preocupe só em conservar as aparências externas dos artefactos antigos, com meios mecânicos não adequados. É preciso um artesanato que utilize as mais modernas descobertas da indústria e uma indústria que empregue uma pluralidade de trabalhos mecânicos e manuais para interpretar coerentemente — com os meios do nosso tempo — a evolução do cenário físico passado no ambiente de hoje.

A escolha dos meios mais adequados, nos vários casos, deve derivar das discussões de princípio e ser aplicada empiricamente — no campo tecnológico, económico, administrativo — sem perder a coerência cultural da intervenção de conjunto. Para tomar partido pelo artesanato ou pela indústria, basta uma teoria. Para combinar da melhor maneira artesanato e indústria é preciso estudo, paciência e competência técnica.

Há finalmente que considerar a conjuntura em que se insere hoje, no princípio dos anos 80, o discurso da conservação iniciado nos anos 60. Há quinze anos a nova construção estava em pleno desenvolvimento: a conservação dos artefactos antigos era uma exigência cultural limitada aos ambientes históricos e, de longe, minoritária. Hoje, pelo contrário, nos países industrializados, o aumento do património de construção está a diminuir e a reciclagem do património já existente é cada vez mais importante; nos países em vias de industrialização, o património de construção ainda está quase todo por constituir, mas na perspectiva de um ciclo que é preciso fechar para chegar a uma estabilização análoga. A conservação dos bens culturais, dos edifícios e dos centros históricos faz portanto parte de um programa mais vasto: a manutenção e a reabilitação de toda a paisagem construída no passado distante e próximo. As técnicas a que podemos chamar retrospectivas — de conservação, restauro, restruturação e reconstrução dos artefactos — têm um peso cada vez maior em relação à produção contemporânea. Toda a organização produtiva está, como consequência, a modificar-se, orientando-se para um novo equilíbrio entre artesanato e indústria, funcional em relação a estes objectivos. As nossa discussões adquirem assim uma nova ressonância. A conservação dos artefactos antigos pode transformar-se na amostra e no laboratório experimental da conservação em geral, que será o tema dominante dos próximos anos.

ÍNDICE

Introdução 9

I Parte
A CIDADE

A CIDADE NA HISTÓRIA 15
O DESENVOLVIMENTO DA CIDADE MODERNA 33
A CIDADE MODERNA PODE SER BELA? 55
A CONSERVAÇÃO DA CIDADE ANTIGA 73

II Parte
O ARQUITECTO

O QUE É A ARQUITECTURA 87
   I. Arquitectura e técnica 87
   II. Arquitectura e pintura 93
EM QUE PONTO SE ENCONTRA A
ARQUITECTURA MODERNA 99
   I. Arquitectura e sociedade 99
   II. Arquitectura e história 117
O CONTRIBUTO DA HISTÓRIA PARA
O ENSINO DA ARQUITECTURA 123
   1. A situação actual dos
     estudos de história da arquitectura 123
   2. O ensino da História nas Faculdades
     de Arquitectura italianas 132
OS EXECUTORES DA CONSERVAÇÃO 139

ARTE E COMUNICAÇÃO

1. *Design e Comunicação Visual*, Bruno Munari
2. *A Realização Cinematográfica*, Terence Marner
3. *Modos de Ver*, John Berger
4. *Projecto de Semiótica*, Emilio Garroni
5. *Arte e Técnica*, Lewis Mumford
6. *Novos Ritos, Novos Mitos*, Gillo Dorfles
7. *História da Arte e Movimentos Sociais*, Nicos Hadjinicolau
8. *Os Meios Audiovisuais*, Marcello Giacomantonio
9. *Para uma Crítica da Economia Política do Signo*, Jean Baudrillard
10. *A Comunicação Social*, Olivier Burgelin
11. *A Dimensão Estética*, Herbert Marcuse
12. *A Câmara Clara*, Roland Barthes
13. *A Definição da Arte*, Umberto Eco
14. *A Teoria Estética*, Theodor W. Adorno
15. *A Imagem da Cidade*, Kevin Lynch
16. *Das Coisas Nascem Coisas*, Bruno Munari
17. *Convite à Música*, Roland De Candé
18. *Educação pela Arte*, Herbert Read
19. *Depois da Arquitectura Moderna*, Paolo Portoghesi
20. *Teorias Sobre a Cidade*, Marcella Delle Donne
21. *Arte e Conhecimento*, Jacob Bronowski
22. *A Música*, Roland De Candé
23. *A Cidade e o Arquitecto*, Leonardo Benevolo
24. *História da Crítica de Arte*, Lionello Venturi
25. *A Ideia de Arquitectura*, Renato De Fusco
26. *Os Músicos*, Roland De Candé
27. *Teorias do Cinema*, Andrew Tudor
28. *O Último Capítulo da Arquitectura Moderna*, Leonardo Benevolo
29. *O Poder da Imagem*, René Huyghe
30. *A Arquitectura Moderna*, Gillo Dorfles
31. *Sentido e Destino da Arte I*, René Huyghe
32. *Sentido e Destino da Arte II*, René Huygue
33. *A Arte Abstracta*, Dora Vallier
34. *Ponto, Linha, Plano*, Wassily Kandinsky
35. *O Cinema Espectáculo*, Eduardo Geada
36. *Curso da Bauhaus*, Wassily Kandinsky
37. *Imagem, Visão e Imaginação*, Pierre Francastel
38. *A Vida das Formas*, Henri Focillon
39. *Elogio da Desarmonia*, Gillo Dorfles
40. *A Moda da Moda*, Gillo Dorfles
41. *O Impressionismo*, Pierre Francastel
42. *A Idade Neobarroca*, Omar Calabrese
43. *A Arte do Cinema*, Rudolf Arnheim
44. *Enfeitada de Sonhos*, Elizabeth Wilson
45. *A Coquetterie, ou A Paixão do Pormenor*, Catherine N'Diaye
46. *Uma Teoria da Paródia*, Linda Hutcheon
47. *Emotion Pictures*, Wim Wenders
48. *O Boxe*, Joyce Carol Oates
49. *Introdução ao Desenho Industrial*, Gillo Dorfles
50. *A Lógica das Imagens*, Wim Wenders
51. *O Novo Mundo das Imagens Electrónicas*, Guido e Teresa Aristarco
52. *O Poder do Centro*, Rudolf Arnheim
53. *Scorsese por Scorsese*, David Thompson e Ian Christie
54. *A Sociedade de Consumo*, Jean Baudrillard
55. *Introdução à Arquitectura*, Leonardo Benevolo
56. *A Arte Gótica*, Wilhelm Worringer
57. *A Perspectiva como Forma Simbólica*, Erwin Panofsky
58. *Do Belo Musical*, Eduard Gusdorf
59. *A Palavra*, Georges Gusdorf
60. *Modos & Modas*, Gillo Dorfles
61. *A Troca Simbólica e a Morte – I*, Jean Baudrillard

ARTE E COMUNICAÇÃO

62. *A Estética*, Denis Huisman
63. *A Troca Simbólica e a Morte – II*,
    Jean Baudrillard
64. *Como se Lê uma Obra de Arte*,
    Omar Calabrese
65. *Ética do Construir*, Mário Botta
66. *Gramática da Criação*,
    Wassily Kandisnky
67. *O Futuro da Pintura*, Wassily Kandinsky
68. *Introdução à Análise da Imagem*,
    Martine Joly
69. *Design Industrial*, Tomas Maldonado
70. *O Museu Imaginário*, André Malraux
71. *A Alegoria do Património*, Françoise Choay
72. *A Fotografia*, Gabriel Bauret
73. *Os Filmes na Gaveta*,
    Michelangelo Antonioni
74. *A Antropologia da Arte*, Robert Layton
75. *Filosofia das Artes*, Gordon Graham
76. *História da Fotografia*, Pierre-Jean Amar
77. *Minima Moralia*, Theodor W. Adorno
78. *Uma Introdução à Estética*,
    Dabney Townsend
79. *História da Arte*, Xavier Barral I Altet
80. *A Imagem e a Sua Interpretação*,
    Martine Joly
81. *Experiência e Criação Artística*,
    Theodor W. Adorno
82. *As Origens da Arquitectura*,
    L. Benevolo e B. Albrecht
83. *Artista e Designer*, Bruno Munari
84. *Semiótica da Publicidade*, Ugo Volli
85. *Vocabulário de Cinema*,
    Marie-Thérèse Journot
86. *As Origens da Pós-modernidade*,
    Perry Anderson
87. *A Imagem e os Signos*, Martine Joly
88. *A Invenção da Moda*, Massimo Baldini
89. *Ver, Compreender e Analisar as Imagens*,
    Laurent Gervereau

90. *Fantasia*, Bruno Munari
91. *História da Linguagem*, Julia Kristeva
92. *Breviário de Estética*, Benedetto
    Croce
93. *A Invenção da Paisagem*, Anne
    Cauquelin
94. *História do Teatro*, Cesare Molinari
95. *O Ecrã Global*, Gilles Lipovetsky
    e Jean Serroy
96. *As Questões do Património*, Françoise
    Choay
97. *Literacia Visual – Estudos sobre a
    Inquietude das Imagens*, Isabel Capeloa
    Gil